KB123109

평온한 정신

평온한 정신

초판 발행 2022년 4월 10일

지은이 | 제임스 허버트 홀
옮긴이 | 권혁
발행인 | 권오현

펴낸곳 | 돋을새김
주소 | 경기도 고양시 일산동구 하늘마을로 57-9 301호 (중산동, K시티빌딩)
전화 | 031-977-1854 팩스 | 031-976-1856
홈페이지 | http://blog.naver.com/doduls 전자우편 | doduls@naver.com
등록 | 1997.12.15. 제300-1997-140호
인쇄 | 금강인쇄(주)(031-943-0082)

ISBN 978-89-6167-314-3 (03180)
Korean Translation Copyright ⓒ 2022, 권혁

값 12,000원

평온한 정신

제임스 허버트 홀 | 권혁 옮김

돋을새김

● 서문

질병보다 환자의 생각이 더 중요하다

어느 현명한 의사가 이렇게 말했다.

"모든 질병에는 두 가지 요소가 있다. 질병 자체와 그 질병에 대한 환자의 생각이다."

질병에 대한 환자의 생각은 실제의 질병보다 더 중요하며 다루기는 더 어렵다. 인생에 대한 환자의 생각과 그가 생각하는 인생의 의미 역시 대단히 중요해서 건강과 행복을 가로막는 장애물이 될 수도 있다. 이 책은 나의 환자들, 특히 운명적으로 오랫동안 내가 돌보게 된 환자들에게 건네주고 싶은 인생에 대한 몇 가지 생각들을 주로 다루고 있다.

이 책에 건강하고 행복해지기 위한 모든 방법들이 있는 것은 아니다. 어쩌면 독자들은 우회적이며 명확하지 않은

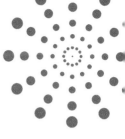

나의 표현방식 때문에 난감하거나 당혹스러울 수도 있다. 그것은 나의 개인적인 특성이므로 어쩔 수 없는 일이다.

　나는 누구에게도 일정한 법칙에 따라 살아야 한다고 요구하지 못한다. 그런 법칙들이 꼭 지켜야 하는 것이거나, 결정적인 것이라고 믿지 않기 때문이다. 그런 법칙의 이면에는 반드시 개별적인 특성이 있을 것이며, 그렇다면 그 법칙은 불필요하다.

　이 책에서 다룬 내용들은 나보다 더 현명한 사람들이 더 훌륭한 방법으로 이미 제시해 놓았을 것이 분명하다. 그러나 필자들은 누구나 소수의 독자들을 염두에 두고 글을 쓴다. 즉, 자신이 전하는 지식을 이해하고 혜택을 받을 수 있는 특별한 독자들을 대상으로 집필하게 된다. 그 밖의 사람들에게는 부분적으로나 전체적으로 다가서지 못했을 수도 있을 것이다. 바로 그런 이유로, 적어도 나에게 우호적인 소수의 독자들은 있을 것이라 확신하면서 보통은 의사들이 피하는 주제로 글을 쓰겠다는 용기를 냈던 것이다.

이 책의 원고를 미리 읽어준 친구들과 환자들에게 감사하다. 그들은 솔직하고 친절했으며 대단히 큰 도움이 되었다. 특히 대단히 소중한 조언을 해준 리차드 캐벗 박사에게 커다란 도움을 받았다.

● 차례

1. 평온한 정신

그녀의 병든 마음을 치료할 수 없다는 거요?
그녀의 기억 속에서 슬픔을 제거할 수 없는 거요?
그녀의 머릿속에서 괴로운 생각들을 지워버리고
모든 것을 잊게 하는 달콤한 해독제로
위험한 것들로 가득 차 있는
그녀의 가슴을 비울 수는 없단 말이오?   _맥베드

정신적인 불안은 그 자체가 질병이다

절대로 걱정하지 않는다는 사람이 있다면, 나는 그가 자신을 속이고 있거나 나를 속이려는 것이라고 생각하게 된다. 걱정의 가장 큰 원인은 양심과 두려움과 후회다. 우리는 당연히 양심적이어야 하며, 악을 두려워하고 악행을 후회해야만 한다. 하지만 걱정이 신체적인 장애나 상처보다 더 나은 것이 되려면, 우리의 걱정은 대부분 무의식적이고 직관적이어야 한다.

걱정을 의식하게 되는 순간 우리는 무너져 내리게 된다. 다행인지 불행인지는 모르겠지만, 걱정에 빠져드는 과정을 감당할 수 있을 만큼 우리의 삶이 충실하고 훌륭하지 않다면, 양심이 제멋대로 우리의 정신을 괴롭히도록 내버려둘 수는 없다.

정신적인 불안은 그 자체가 질병이다. 이런 정신적 불안의 치료법은 걱정이 해롭고 쓸모없다는 것을 잘 알고 있거나, 무의식적인 양심을 갖추는 것도 아니다. 단지 걱정이 자리를 차지할 수 없을 정도로 충실하고 훌륭한 삶을 사는 것이다. 걱정과 양심에 대한 생각 그리고 평온한 정신에 대한 정의는 인생을 무한히 단순화시켜준다. 걱정을 발달과 성장으로 대체하고 그래서 걱정을 극복하는 데에는 따분한 작업이 전혀 필요하지 않다.

더 멀리 나아가려는 삶, 더 훌륭하게 응용하는 삶을 아는 것이 궁극적인 치료책이자 위대한 사명이다. 그리고 '그것이 인생이다.' 보다 큰 삶은 훌륭한 자아 자체를 추구하는 것이지, 평온한 정신을 얻기 위한 삶이 아니라는 사실을 스스로 자주 경계해야만 한다.

너무 확고해서 죽음 자체도 흔들 수 없는 평온이 찾아올 수는 있다. 하지만 우리가 살면서 겪는 모든 일들이 무난

하게 지나갈 것이라고 기대할 수는 없다. 당연하게도 우리들의 일상은 대단히 험악하게 이루어질 것이다. 이런저런 우여곡절을 겪을 것이며, 잘못을 저지르고 후회하고, 또 다시 잘못을 저지르게 될 것이다. 그러나 결국 최상의 직관에 따라 살아간다면, 우리의 인생은 정당화될 것이며 그 결과에 대해서는 걱정할 필요가 없다.

다른 방식으로 이야기하자면, 정신을 차분하게 유지하려면 인생의 사소한 일들로부터 — 평범한 일들에 대한 걱정과 초조로부터 — 벗어나 우리의 성실한 노력을 보다 더 품격 높은 다른 일로 전환시켜야 한다는 것이다.

보편적인 삶의 형태를 고귀하고 품위 있게 변화시켜야 한다. 그렇게 하면 비록 걱정의 오래된 원인들이 지속된다 해도 사소한 걱정거리들을 무의식적으로 지배하게 되며, 보다 큰 사회적인 요구들을 넉넉히 감당할 수 있는 능력을 갖추게 된다. 노력을 적게 해서가 아니라 더 높은 수준으로 다른 차원의 노력을 하기 때문에 인생은 보다 더 평온해질 것이다.

많은 사람들이 원하는 그런 변화가 한순간의 계시로 즉시 나타날 수 있다면 이상적일 것이다. 하지만 그것을 인생이라 할 수는 없다. 우리는 줄곧 뜻대로 되지 않는 사소한 일들과 신중하게 싸워야 하는 원래의 지루한 상태로 거듭해서 돌아가야만 한다. 나는 이런 싸움의 중요성과 가치를 폄하하지 않는다. 단지 그 수준을 더욱 빨리 변화시킨다면 걱정에 빠져 있는 모든 사람들은 훨씬 더 좋아질 것이다. 넉넉한 평온함은 결국 난처하게 만드는 사소한 일들을 단호하게 대처할 때 나타나는 도덕적 기질의 강화를 통해 얻어야 한다. 이러한 싸움의 일부는 언제나 지속되겠지만 우리가 보다 더 중요한 요인들에 관심을 갖기 시작할 때 더욱 평온한 삶에 다가설 것이다.

본질적인 아름다움을 찾아야 한다

어떻게 해야 더 큰 삶을 살 수 있을까? 부분적으로는 용감하게 지루한 싸움과 불운에 맞서는 것으로, 부분적으로는 '즉시'라고 표현할 수 있는 직관에 의해, 통상적인 생각의 영역 너머에 있는 비전을 보고 진실을 파악하는 정신적 능력을 발휘한다면 더 큰 삶을 살 수 있다.

강해지고 평온해지려면, 그래서 결국에는 걱정과 양심이라는 함정에서 벗어날 수 있게 되려면, 나는 우리들의 삶에 영감(靈感, inspiration)이 필요하다는 것을 점점 더 뚜렷이 인식하게 된다.

여기에서 영감은 어떤 제도나 신조에 대한 믿음을 의미하는 것이 아니다. 처음부터 믿고 있어야 한다거나, 언젠가는 이루어질 것이라고 정해져 있는 믿음이 아니다. 우리는 우선 인생에서 또는 적어도 자연 속에서 그 자체로 진면목을 드러내며, 우리 내면에서 필연적으로 감응하는 본질적인 아름다움을 찾아야 할 필요가 있다.

우리는 하늘과 바다에서 너무 거대해서 이해하기는 어렵지만 영혼을 만족시키지 못할 정도로 거대하지는 않은 영혼의 증거를 찾을 때까지, 인생을 사랑하는 방법을 지극히 철저하게 배워야 인생의 엄청난 중요성을 알게 된다. 이것은 일종의 어머니 종교로서 그 태반(胎盤)으로부터 모든 종파와 신조가 태어났다.

우리들 내면에 있는 그 영혼의 존재는 우리를 고귀하게 해주며, 거의 필연적으로 단순하고, 의미심장하며, 감수성이 예민한 삶을 만들어준다. 영감이 지시하는 대로 살고 있는 이유를 모를 수는 있지만, 우리는 그렇게 살아야 하며 그것이 중요하게 생각해야 할 문제인 것이다.

•

만약 종교적인 관념을 받아들여야 걱정으로 인한 고통을 치유할 수 있다고 주장한다면, 앞에서 경고했던 바로 그 일을 하고 있는 셈이 된다. 이런 실수는 저지르기 쉬워서, 내가 경고를 하고 있는 바로 그곳에서 실제로 실수를 하고 있는 것이다. 우리에겐 고통으로부터 구원될 수 있다는 종교적 경험과 같은 거창한 일을 추구할 아무런 권리도 없다.

값싼 종교를 치유책으로 삼는 것보다 고통과 고민거리를 겪는 편이 더 낫다. 종교는 그 자체를 추구해야 하는 것이다. 더 정확하게는 환상이 그렇듯이, 우리를 회피하게 만들거나 신성하지 못한 어떤 것으로 변화시키지 못하도록 종교를 전혀 추구하지 않아야 한다.

그럼에도 불구하고, 솔직하고 편견 없는 눈으로 떠오르는 태양이나 머리 위의 별들을 바라본다면 우리의 정신으로 생각할 수 있는 것보다 더 위대하고 더 아름다운 존재를 인식하게 된다. 그런 비전(vision)을 경험하면서 용기와 평화는 저절로 찾아올 것이다.

보이지 않는 힘에 의해 양심과 걱정의 다툼에서 벗어나 고양된 우리의 삶을 찾게 될 것이다. 우리는 평온함의 의미를 알게 되고, 비록 완전하게 얻지는 못한다 해도 무엇보다 값진 평온한 정신을 소유한다는 것의 의미를 알게 될 것이다.

미래에 하게 될 일들이 인생의 질을 결정한다

어떤 식으로든 종교에 관한 논의를 시도하면, 오해를 받거나 동료들로부터 조롱을 받을 수도 있다는 것쯤은 나도 잘 알고 있다. 신학은 전혀 공부해보지 않았던 분야이지만, 그것이 바로 내가 감히 종교에 대한 글을 쓰는 이유일 것이다.

심지어 나는 전통적인 의미의 신이 있다고 생각하지도 않는다. 그런 생각은 너무 거창한 것이어서 구체적으로, 문자로 표현될 수는 없다. 자연에서 벌어지는 단 한 가지 사실도 인간의 유한한 정신으로는 완전하게 이해할 수가 없다. 하지만 우리를 둘러싸고 우리의 삶을 가능하게 하며, 언제나 '시간과 공간의 영역 너머'에 강력하게 지배하는 영혼의 존재가 있다는 것을 가리키는 법칙들은 어렴풋이나마 느끼고 있다.

이것이 신에 대한 냉담하고 부적절한 이해일지라도, 누

구든지 아무런 타협 없이 주장할 수 있는 견해일 것이다.

현대인은 쉽사리 종교를 이해하거나 지지하지 못한다. 우리들에게 받아들이도록 제시된 종교의 독단적인 해석 때문이다. 우리를 불쾌하게 만드는 것은 종교 그 자체가 아니라 종교에 대한 사람들의 말이다. 이 문세를 우리 스스로 잘 생각해보자.

만약 단순하게라도 원초적인 신의 개념을 받아들일 준비가 되어 있다면, 특정한 신조와 교리를 받아들이지는 않는다 해도 옳고 선한 것을 이해하는 사람들에게는 보다 더 관대해질 수 있을 것이다.

머지않아 기독교라는 종교가 삶에 위안이 되고 생기 넘치게 해준다고 이해하고 받아들일 수도 있다. 마음속에서 우러나 자신의 가슴을 자연의 신에게 열어주는 사람이라면 가장 단순한 의미에서 종교적인 사람이 될 수 있다. 그런 사람은 자신이 전혀 이해할 수 없는 일들 때문에 그리고 함축된 이상에 미치지 못하기 때문에 걱정을 하게 된다. 하지만 삶의 범위를 충분히 넓힌다면 일반적인 걱정거리들에서도 작은 여유를 찾게 된다.

•

삶이 기쁨으로 가득 차게 되므로 걱정에 휩싸인 채 의식적으로 생각을 낭비하지는 않게 될 것이다. 그런 사람이라면 자신의 시간과 능력을 과거의 실수들을 후회하는 일에 낭비할 수 없다는 것을 깨닫게 될 것이다.

미래에는 너무나도 많은 일들이 기다리고 있다. 과거에 실패한 일들이 아니라 미래에 하게 될 일들이 인생의 질을 결정하게 된다. 이것을 알고 있는 사람은 용기와 능력을 갖추고 미래를 맞이하게 된다. 결국, 정의내릴 수 없는 어떤 방식으로 육체적인 건강보다 개성이 더욱 중요하게 될 것이다.

실제로 자신이 이 세상에서 이루어낸 어떤 일이 아니라, 자기 자신이 중요하다는 사실을 깨닫게 된다면 질병은 반쯤은 보상받게 된다. 이것이 우리를 신의 창조적인 권능과 접촉시켜 목적도 없는 삶에서 벗어나도록 하며, 영감과 기쁨을 누리는 예외적인 삶으로 일으켜 세울 것이다.

2. 의사의 종교

어떤 경우이든, 종교관이 뚜렷해서 열심히 기도하고
적극적으로 신앙심을 드러낸다고 알려진 의사가 미들마치로 오게 되면,
그의 의술과는 상반된 세평을 얻게 될 것이다.   _조지 엘리엇

인생에 대한 새로운 견해가 필요하다

의학 교육을 받은 사람이 신과 종교에 대해 말하고 글을 쓴다면, 환자를 진료하느라 너무 바빠서 현실적인 문제들 외에는 전혀 관심을 가질 수 없는 동료들에게 당연히 의심을 받게 된다. 나에게 '신'이라는 단어는 우주를 창조하고 유지하는 권능을 상징한다.

떠오르는 태양과 하늘의 별들은 신의 권위를 생각하게 만들며, 따뜻하고 부드러운 인간의 사랑은 신의 신성한 사랑에 대해 생각하도록 한다.

이것이 내가 신에 대해 알고 있는 전부이지만, 인생을

빛나게 하기에 충분하며, 의미 있는 일에 진지하게 헌신하도록 만들기에 충분하다. 최종적으로, 죽음이라는 엄청난 불가사의와 마주치게 될지라도 확신과 용기를 주기에 충분하다.

신에 대한 생각이 사람들에게 그처럼 의미심장한 결과를 만들어내는 이유에 대해서는 모르겠다. 다만 파악하기 어려운 방식으로 인간을 신성한 계획과 연결시키며, 절망과 외로움에서 벗어나도록 해준다는 것만은 알고 있다. 어떤 식으로든 일정한 종교적 이해는 인생에 정당성을 제공하며, 건강하게 살면서 보람을 느낄 수 있도록 해준다. 그래서 질병과 건강에 관련된 중요한 문제들과 직접적인 관계가 있다는 것을 받아들이게 된다. 경험이 풍부한 의사는 환자의 정신 속에 희망과 평온이 자리 잡고 있다면 병세는 약해지고 회복될 가능성이 더욱 커진다는 것을 인정할 것이다.

당연하게도 의료행위의 대부분은 직접적인 의학적 처방 외의 다른 것은 필요하지 않다. 손가락이 부러진 남자와 빈혈증으로 찾아온 소녀를 위한 치료방법은 명확하다. 우리가 치료하지 못하는 병이 있다면, 대체로 파악하기 어렵고 보다 더 복잡한 의학 분야의 병증이다.

세균학자와 병리학자의 분야에서 정신치료는 전혀 필요하지 않다. 하지만 신경과민으로 쇠약해진 교사나 탈진한 기술자의 병증을 다루는 것은 전혀 다른 문제에 속한다. 그들이 다시 일을 할 수 있게 되려면 의사에게 의존하고 걱정 속에 지내야 하는 몇 년의 시간이 필요하게 된다. 여기에서는 인생에 대한 새로운 견해가 약물들보다 더 유용한 경우가 많다.

당분간은 그 상황을 합리적으로 받아들이고, 맹목적으로 조급하게 치료법을 찾으려 해서는 안 된다. 하지만 불가피한 고통과 한계에도 불구하고 병세를 호전시키는데 도움이 되는 인생의 영감을 찾겠다는 견해를 가져야 한다. 종종 회복을 약속하지 못할지라도 의사는 더 나은 치료책을 제공할 준비가 되어 있어야 하는 것이다.

내가 일을 하는 목적과 정당한 이유를 알아야 한다

이 세상에서 겪는 피로감과 불행의 상당 부분은 일이나 놀이, 행복하거나 슬픈 경험에 대한 정당화를 충분히 깊게 생각해보지 않는다는 사실에서 비롯된다.

우리는 '예술 자체를 위한 예술' 또는 '노는 즐거움을 위한 놀이'라는 말이나, 심지어 '나의 가정을 위해 또는 나의 도움을 필요로 하는 누군가를 위해 일하고 있다'는 말에서 상당한 공허감을 느낀다. 그것만으로는 충분하지 않기 때문이다. 인식하든 못하든, 우리 스스로가 기꺼이 인정하지는 않지만 지극히 현실적인 불안과 불확실성의 원인은 보다 확고한 정당화의 부족 때문이다.

나는 '선하게 산다면 행복해질 것'이라는 어떤 도덕주의자의 말을 전혀 납득하지 못한다. 형식적인 선행에서 얻게 되는 행복은 전혀 이해할 수 없으며, 절대로 원하지도 않는다.

단지 바쁜 일상을 유지하기 위해 일하고 즐기고 봉사하고, 그래서 행복해진다 해도 내가 그렇게 해야 하는 이유를 몹시 알고 싶어질 것이며, 일반적으로 얻을 수 있는 대답에는 만족하지 못할 것이다.

환자가 빈혈에서 회복되거나 쇠약했던 몸에 살이 오르고 유연해지고 건강해졌다 해도 완전히 치유되지 않은 것일 수도 있다. 건강해 보이고 병에 걸린 적이 없는 사람도 자신이 일을 하고 있는 이유와 사는 이유, 이런저런 활동을 하는 이유를 알게 될 때까지는 보다 넓은 의미에서는 건강하지 않은 것이다. 끊임없이 변화하는 세상의 관심사에도 불구하고, 일을 하는 목적과 정당한 이유를 알고 싶다는 요구는 집요하게 제기될 것이다.

만약 내가 하고 있는 일이 충분히 중요하지 않다면, 모든 성취에도 불구하고 인생은 그저 서글프게만 보일 것이다. 가장 화려한 순간에도 비애감을 느끼게 되고, 뜨거웠던 가슴도 식어버리고, 진정한 용기마저 무력해지는 목적의 상실과 무기력한 상실감으로 너무나도 우울해질 것이다. 그래서 그저 이 길에 행복이 있다거나, 옳은 것이 옳은 것이라는 신념에 의존해야만 버틸 수 있게 될 것이다.

이 세상이 추구하고 있지만 절대로 찾을 수 없는 이런 인식이란 무엇일까? 과연 궁극적인 정당화는 무엇일까? 하지만 완전무결한 정당화를 추구한다면, 우리는 언제나 병들고 불만족스럽게 살아야 할 것이다. 이 중요한 질문에 아주 조금만이라도 다가서려 한다면, 그래서 전체를 아는 대신 아주 조금만 받아들이기로 한다면 만족할 수도 있을 것이다. 그것이 분명 궁극적인 인식의 일부분이기 때문이며, 그 궁극적인 지식은 오직 신에게만 있는 것이기 때문에 우리를 수많은 슬픔과 고통스러운 불완전함에서 구해주리라는 것을 충분히 이해하게 될 것이다.

무한히 변화하는 아름다운 자연과 인간의 마음속에는 아름다움과 진실로 가득 채워져 있다. 우리가 신이라 부르는 영원한 존재는 매일 매시간 우리의 내면에서 그 아름다움과 진실을 드러낸다. 우리의 일상생활에서 그것을 제대로 인식하지 못한다는 것은 놀라운 일이다. 하지만 우리의 눈으로 신을 보지는 못하지만, 신이 당연히 있으리라는 것을 충분히 느끼며 또 알고 있다. 그렇다면 신을 직접적으로 대면할 필요는 없을 것이다. 우리의 삶 속에서 신의 존재를 느끼는 것은 상상하는 것 이상의 일이며, 너무나도 자주 무시하고 인식하지는 못하지만 우리에게 영감을 주고 세상의 모든 위대한 일들을 성취하도록 격려한다.

만약 우리가 이런 생각이 주는 기쁨을 보다 명확하게 알 수 있다면, 은밀하고 미묘한 방식으로 신경성 질환과 비참한 생활의 밑바닥에 자리 잡고 있는 불행의 원인들을 대부분 없애버릴 수 있게 될 것이다.

인생에서 겪는 평범한 일들을 통해 신과 함께한다는 인식에서 찾게 되는 행복이 있다. 너무 소중해서 신보다 열악한 원인에서는 일어날 수 없는 일들과 특별히 추구하지는 않았지만 그런 인식의 당연한 결과로써 발견하는 행복도 있다. 이런 행복한 경험이 오랫동안 가치 있는 인생을 살도록 이끌어준다.

인생에 대해 이런 생각을 갖고 있다면, 이 지구상에 거주하는 수많은 사람들을 당혹스럽게 했던 아주 오래된 질문들이 더 이상 정신적이거나 육체적인 질병과 불행의 원천이 되지는 않을 것이다.

예를 들어, 죽음을 두려워하게 만들었던 불멸성에 대한 우리의 질문은 더 이상 질문이 아니게 될 것이다. 우리의 삶과 주변의 세상 속에서 신을 마주하는 우리는 그런 질문에 대답할 필요가 없게 될 것이다.

마침내 우리에게 닥쳐오는 운명이 무엇이든 만족하게 될 것이며, 그것이 신의 의지이기 때문이다. 우리는 단순한 불멸성보다 더 훌륭한 것 그리고 영원한 삶에 대한 조악한 생각보다 더 신성한 것을 추구하게 될 것이다.

의사들은 필요가 있을 때는 언제나 주저 없이 자신이 알고 있는 것을 가르친다는 것이 내가 믿고 있는 종교다. 비록 자신들이 믿고는 있어도, 이러한 말들을 친절하게 전하지 못하는 무뚝뚝한 사람들이 많다는 것은 잘 알고 있다. 하지만 어떤 방식으로든 현명하게 배워야 할 것은 제시해 주고 있다고 생각한다.

신체의 화학적이며 기계적인 반응과 함께 오직 신체에만 집중하는 의료 행위(일반적인 진료)가 있다. 우리는 오랫동안 이런 소명을 열정적으로 수행하고 있는 의사들을 존중하고 존경해왔다. 우리는 그런 의료행위가 반드시 필요하며, 내가 글을 통해 전달하는 교육적인 처방만큼이나 중요하다는 것은 알고 있다.

육체적인 면을 다루지 않는 의학은 그 유용성을 제대로 구현하지 못할 것이며, 질병과 죽음을 훨씬 더 감당하지 못하게 될 것이다. 나는 환자를 다루는 것과 관련된 이 두 가지 측면이 너무 완벽하게 분리되어 서로에 대한 시각을 잃어버리지는 않기를 바라는 것이다.

당연하게도 이 두 가지 요소는 모두 인간의 행복에 필요하기 때문이다. 만약 의학이 전적으로 육체적인 질병의 치료와 예방에만 매달린다면, 나머지 반의 가능성은 잃어버리게 된다. 만약 정신적인 건강에만 매달려 육체적인 건강의 필요성을 무시한다면, 완벽하고도 굴욕적인 실패를 거두는 것이 마땅하다는 것 또한 진실이다.

많은 사람들이 이렇게 물어볼 것이다.

"왜 그 두 가지를 결합해야 한다는 거요? 목회자와 철학자들은 강연을 하고, 의사들은 의술을 펼치기만 하면 되지 않겠소?"

대부분의 경우 자기 환자에게 정신적으로 필요한 것들을 세심하게 관찰하고 다룰 수 있는 의사라면 언제나 그림의 반만을 보는 의사보다 더 뛰어난 판단력으로 치유할 가능성이 있다.

반면에 철학자는 상대적으로 열악한 의사가 될 가능성이 있다. 그는 의학에 대해 아는 것이 전혀 없으므로 그림의 다른 반만을 볼 수 있기 때문이다. 만약 위선적인 말을 피할 수만 있다면, 세상을 위해 쓸모 있을 만큼 단순하고 이성적일 수 있다면 의학의 신조에 대해서는 해야 할 말들이 더 많이 남아 있다.

•

3. 생각과 일

일이 있다면 좋겠어! 두 팔에 생기가 돌고 머릿속이 차분해질 텐데.
_에티엔 피베르 드 세낭쿠르

'당신의 다음 일을 하도록 하라.' _영국 속담

때로는 생각을 멈추어야 한다

우리의 머릿속은 언제나 걱정으로 가득 차 있기 때문에, 걱정을 없애버릴 적어도 한 가지 확실한 방법 즉, 생각을 멈추게 할 방법은 있을 것으로 보인다.

아주 많은 사람들이 자신의 일을 끊임없이 생각해서 계획하고 정리하지 않는다면 정신은 점점 효율이 떨어지게 될 것이며, 인생은 따분하고 무의미하게 될 것이라고 믿고 있다. 하지만 나는 정신이 상당히 많은 시간 동안 쉽고도 지혜롭게 의식적인 생각에서 벗어날 수 있다고 믿는다. 또한 실제로 생각을 멈추고, 모든 의도와 목적들을 비워버렸

•

을 때 정신은 가장 크게 진보하고 발달한다고 믿는다. 활동적이며 무의식적인 정신은 방해하고 어지럽히는 것이 없는 차분한 분위기 속에서 최상의 작업을 한다.

훈련되지 않은 미숙한 정신으로 위대한 구상을 할 수 없다는 것은 사실이다. 하지만 우리가 언제나 위대한 구상을 하고 싶어 하는 것일까? 당연하게도 특별한 성취를 위해서는 전문적인 정신훈련이 필요하겠지만 이것은 전혀 다른 문제다. 우리의 정신적인 과정을 의식하면서 혼란에 빠지지 않으려면 이런 종류의 생각을 너무 지나치게 강요해서는 안 된다.

손을 이용한 작업이나 객관적이며 건설적인 정신작업에서 얻는 혜택들 중의 한 가지는 끝없는 생각으로부터 우리를 구해준다는 것이다. 당연하게도 우리가 하는 일은 신념의 표현이므로 최대한의 정당성을 찾을 수 있어야 한다. 만약 인생에서 보다 더 중요한 것 그리고 무한한 것들과의 밀접한 관계에 대한 통찰력이 너무 흐려졌다면 우리는 봉사와 일의 필요성을 인식하게 된다. 이것은 쉽고도 자연스러운 신념의 표현이며, 이 세상을 움직이는 위대한 힘과 정신적으로 연결되는 불가피한 결과이다. 이것은 무엇보다 끊임없이 갈등하는 생각이라는 참변으로부터 우리를 구해준다.

몇 년 전에 지나치게 생각이 많아 고통을 겪고 있던 한 청년이 나를 찾아왔다. 이제 막 대학을 졸업한 그의 머릿속은 혼란스러운 생각과 감정으로 가득 차 있었다. 지나치게 시험 준비에 몰두하고, 최선을 다해 몸을 돌보지 않았기 때문에 대단히 피곤한 상태이기도 했다. 그가 호소하는 증상들은 불면증과 걱정 그리고 그로 인해 필연적으로 나타나는 소화불량과 두통이었다. 의사로서 나는 당연히 그의 신체기능을 조심스럽게 살펴보았으며, 신체기관의 상태를 최대한 면밀하게 검사했다.

신체적인 질병의 징후는 찾을 수 없었다. 하지만 그 청년은 실제로 아팠기 때문에, 나는 '아무 문제도 없다'는 말은 하지 않았다. 나는 그에게 너무 생각을 많이 하고 자신에 대해 너무 걱정을 많이 해서 피곤한 것이며, 이런 모든 것의 결과로 신체기능들이 일시적으로 엉망이 된 것이라고 말해주었다.

그는 자기 자신에 대해 걱정을 해야만 한다고 생각했다. 그렇게 하지 않는다면 더 좋아지려는 노력을 하지 않게 될 것이기 때문이라고 했다. 나는 그에게 그런 잘못된 의무감이 걱정의 일반적인 원인이라고 설명해주었다. 적어도 이 경우에 자신에 대해 생각을 계속하는 것은 지극히 무익하며 심지어 해가 된다고 설명해주었다.

그 말이 약간의 도움은 되었지만 충분하지는 않았다. 사람이 과로했을 때, 걱정을 하기 시작했을 때 그리고 다양한 신체적 기능에 그런 걱정의 결과들이 나타날 때, 그 어떤 논리적인 설명도 그를 완전히 구해주지는 못하기 때문이다.

나는 그 청년에게 이렇게 말했다.

"불안과 우울증 그리고 자신에 대한 걱정에도 불구하고, 그 문제들에 대한 생각을 모두 멈춘다면 더 좋아질 것입니다. 무엇보다 생각을 멈추는 것이 최선이며 아무런 피해나 충돌도 일어날 수 없다는 확신을 가져야 합니다. 그 후에 손을 이용한 작업을 통해 생각을 멈출 수 있도록 도움을 받아야 합니다. 그것이 일상생활이 되면 더 좋아질 것이며, 당신을 건강으로 이끌어줄 것입니다."

다행스럽게도 나는 신경병에 약간의 경험이 있었으므로, 작업의 성격과 범위를 관리해주지 않는다면 청년이 그 작업에서 실패하게 된다는 것을 알고 있었다. 목표에도 도

달하지 못할 것이며, 더욱 더 당황하고 낙담하게 된다는
것도 알고 있었다. 이런 경우에 불안한 정신은 작업을 통
해 위안과 휴식을 찾을 수 있다는 것은 알고 있었지만, 나
는 적당한 작업을 조심스럽게 선택해주고, 지쳐 있는 그의
신체가 너무 심한 압박은 받지 않도록 해야 했다.

육체 노동을 통한 신경병의 치료

내가 살고 있던 그 도시에는 대장간이 있었다. 젊을 때
부터 대장장이 일을 해왔으며 쇠를 마치 진흙처럼 다루는
온화한 노인이 운영하는 곳이었다. 나는 나의 환자를 그
대장장이의 일터로 데리고 가 이렇게 말했다.

"여기 이 청년에게 일을 시키고 싶습니다. 일을 하게 해
주는 대가는 지불하겠습니다. 우선 그에게 수제못 제작법
을 가르쳐주십시오."

처음에 그 대장장이와 나의 환자는 농담으로 들었지만,
내가 진지하다는 것을 알게 된 그들은 그렇게 하기로 동의
했다. 우리는 적절한 도구들을 챙겨 못 만드는 작업을 진
행했다. 사실 그것은 그다지 어려운 일이 아니었다.

한 시간 가량의 작업이 끝난 후, 나는 환자를 불러 작업

을 중지시켰다. 이제 막 재미를 느끼기 시작했던 그는 싫은 내색을 했다. 하지만 만약 피곤해질 때까지 작업을 계속한다면 모든 일이 곤란하게 끝나게 된다는 것을 알고 있었다. 그래서 그 다음 날, 새로운 작업복과 가죽 앞치마를 마련해 주고 한 시간 동안 작업을 진행했다. 시간을 늘리기 전까지 이런 방식으로 3~4일 동안 작업을 진행했다.

나의 환자는 줄곧 새로운 관심을 보였다. 그는 일을 더 많이 하고 싶어 했으며 피로한 기색도 전혀 없었다. 이제 건강에 좋은 운동에 몰입하면서 걱정근심에 빠져 있던 정신은 강하게 변했다. 당연히 하루의 나머지 시간들은 이런저런 방식으로 관리해야 했지만, 그 작업이 중심적인 역할을 했다. 일주일 동안 하루에 2시간씩 작업했으며, 3주 동안은 4시간씩 그리고 한 달 동안 5시간씩 작업을 했다. 그는 멋진 수제못을 만들어냈으며, 난로에 사용할 훌륭한 부지깽이와 삽들도 만들었고, 대단히 멋진 철제 장식받침도 만들었다.

청년은 이렇게 만든 커다란 수제품마다 직접 만든 작은 철인(鐵印)으로 자신의 이니셜을 찍었다. 각각의 작품은 그 자신의 것이었으며, 그 자신의 솜씨와 능력으로 만들어낸 것이었다. 작품에 대한 자부심과 기쁨은 무척이나 컸다. 당연히 그럴 수밖에 없는 것이 쇠처럼 처리하기 어려운 물질을 다루는 법을 배운다는 것은 멋진 일이기 때문이었다. 하지만 의식적인 생각은 하지 않으면서 별다른 노력 없이도 작업을 할 수 있을 때까지 끈질기게 줄곧 쇠를 다루면서, 그는 보다 단순하고 쉽게 자기 자신을 다루는 법도 자연스럽게 배웠다.

당연하게도, 나를 찾아오게 만들었던 그의 병은 대장장이 작업으로 거의 치료되었다. 비록 육체가 고통을 겪기는 했지만 정신과 신경의 병이지 신체의 병은 아니기 때문이었다. 불안한 환자가 될 뻔했던 그는 이제 도시에서 아버지의 사업에 참여해 착실하게 일하고 있다. 함께 지내는 동안 나는 그가 매우 흥미를 불러일으키는 환자라는 것을 알게 되었다.

독창성이 풍부했으며, 지루하고 따분한 사람이 아니었다. 나는 매일매일, 몇 주 동안 그의 병에 대한 이야기를 기꺼이 들어주었다. 그의 이야기를 듣고 난 후에는 인생의 새로운 방향을 제시해주었으며, 그것이 얼마 지나지 않아 그의 불평불만들을 무의미하게 만들었고, 결국에는 사라지게 해주었다.

문제를 해결하겠다는 생각과 노력도 멈추어야 한다

물론 언제나 이 경우처럼 문제가 단순하지는 않다. 우리는 장시간의 조사와 치료가 필요한 신체와 정신의 복잡성을 자주 다루어야만 한다. 내가 이 경우를 예로 드는 것은 신경병의 일부 형태들은 우리가 생각을 멈추고, 분석을 멈추고, 그 후에 처방된 작업으로 우리의 입장을 뒷받침해줄 때 명확하게 벗어날 수 있다는 것을 보여주기 때문이다.

이 글을 읽는 신경병 환자들 중에는 이렇게 말하는 사람도 있을 것이다.

"하지만 나는 아주 오랫동안 일하기 위해 노력했지만 실패했어요."

불행하게도 관심과 이해를 바탕으로 진행할 수 없다면 그런 실패는 자주 겪을 수도 있다. 하지만 비록 각 개인의 다양한 조건에 부합하도록 작업을 다양하게 변형시켜야 하지만 원리는 여전히 진실로 남아 있다.

나는 신경쇠약에서 벗어나기 위해 신중하게 노력하는

아주 많은 사람들을 지켜보았다. 그들은 거의 필연적으로 너무 지나치게 노력한다. 그들은 그 병에 대해 너무 많이 생각하고 걱정한다. 그리고 그로 인해 스스로를 더욱 더 피곤하게 만든다. 그런 엄청난 노력을 하는 사람들이 정직하고 성실하다는 것 때문에 나는 더욱 더 안타깝다.

자신들의 목표를 성취할 수 있기 전에 생각을 멈추고, 노력을 멈추고, 가능하다면 작업을 해야 한다고 생각하는 것은 대단히 어렵다. 그들에게는 문제 해결을 위한 생각을 멈추어야 한다는 이야기를 반복해서 들려주어야 한다. 그들이 극복하려고 시도하는 그 일은 지극히 미묘한 것이어서 기존의 방식으로는 해결할 수 없기 때문이다.

그래서 만약 운이 좋다면, 삶을 구성하는 모든 세부적인 것들에서 산만함과 의미부족이 없어질 때까지 그들은 인생의 막연함과 불확실성을 스스로 제거하게 될 것이며, 더이상 육체적인 고갈과 신경쇠약에 지배당하지 않는다는 것을 알게 될 것이다.

4. 게으름

당황하고 피곤한 그대의 눈동자가
드넓은 바다를 보며 즐기도록 하라   _예이츠

지나치게 분주한 것은 생명력의 부족을 나타내는 증상이며,
게으를 능력이 있다는 것은 다방면에 대한 욕구와
개인적인 정체성이 강하다는 것을 의미한다.   _스티븐슨

평온한 정신은 의도적으로 유도되지 않는다

성공적으로 게으를 수 있는 사람이 매우 적다는 것은 불행한 사실이다. 우리가 게으름을 남용해왔기 때문이 아니라 잘못 이해하고 있기 때문이라고 생각한다. 나는 어느 누구에게도 거부나 후회 없이 강요된 게으름을 받아들이라고 요청하지 않을 것이다. 그렇게 게으름을 받아들인다는 것은 적어도 정신적인 결핍을 의미하는 것이기 때문이다. 하지만 게으름과 휴식은 모순된 것이 아니다. 게으름과 봉사는 물론이고 게으름과 만족도 서로 모순된 것이 아니다. 만약 휴식이 봉사를 위한 준비라고 생각할 수 있게 되고, 게으름을 차분한 성장과 진정한 즐거움을 제공하기 위한 기회로 만들 수 있다면, 게으름은 충분히 정당성을 증명하게 되며 최선의 이익과 기회를 제공하게 될 것이다.

게으름과 관련된 주된 문제는 너무나도 빈번히 자기반성, 걱정 그리고 성급함을 의미하게 된다는 것이다. 특히 자신들의 일을 적극적으로 하고 싶은 성실한 사람들에게는 더욱 그렇다.

나는 오랫동안 불가피한 게으름으로 인해 생기는 걱정과 초조에 맞서 싸우는데 익숙해져 있다. 게으름을 억제하거나 게으름에 맞서 싸우라고 조언하는 것이 아니다. 게으름에서 벗어나는 최선의 방법은 그것을 내버려두고 받아들이는 것이다. 이렇게 실천하면 일종의 묵히고 있던 시간이 다가온다. 사용하지 않고 있던 그 시간을 거치면서 정신은 우리의 생각을 뛰어넘어 저절로 풍족해지고 새로워진다.

나는 오랫동안 쉬어야만 하는 환자는 오히려 치유방법에 대한 모든 생각을 포기하는 것이 좋다고 생각한다. 어떤 특정한 생각을 하거나 하지 말아야 한다는 생각도 전혀 하지 않는 것이 좋다.

•

습관적으로 의식적인 통제에 익숙해져 있는 우리의 정신은 이런 식의 자유를 싫어할 수도 있으며, 온갖 종류의 불안한 무절제에 빠지기도 쉽다. 하지만 나는 의식적인 통제를 위한 다양한 요구들에 대응하는 최선의 방법은 무관심해지는 것이라고 확신한다. 결국에는 가장 필요한 평온한 정신과 평화에 이르게 될 것이라는 믿음으로, 두려움 없이 이러한 무절제와 모순을 기꺼이 경험해보는 것이다.

정신의 평화는 의식적으로 유도되지 않는다. 글자 그대로의 뜻만큼 얻을 수도 없으며, 정신의 평화를 알고 있는 사람도 거의 없다.

아놀드 베넷은 자신의 책 〈하루 24시간을 어떻게 살 것인가〉에서 인생에서 사용하지 않은 시간을 남겨서는 안 된다고 했다. 즉, 산만해지기 쉬운 시간이 닥쳐올 때마다 필연적인 문제들의 명확한 결과에 정신을 집중한다면, 더 많은 것을 성취하고, 더 효율적으로 진보하게 될 것이라는 것이다.

여기에서 나는 오히려 신문을 읽고 난 후에 읽었던 내용을 잊어버리는 게으름을 뛰어넘는 산만함과 게으름을 권장하고 싶다.

병들었거나 건강하거나 우리 인생의 오랜 기간을 오직 우연히 떠오르는 생각만을 허용하는 것이 더 나은 것으로 보인다. 훌륭한 옛날 속담인 '일할 때는 일하고 놀 때는 놀자'에 '쉴 때는 쉬자'를 덧붙이면 좋겠다. 그렇게 하지 않는 다면 결국 일이나 놀이에서 성공할 수 없게 될 것이다.

일주일이나 한 달 또는 일년을 쉬어야만 하기 때문에 그 사람이 반드시 정신적인 고통을 겪어야 하는 것은 아니다. 반드시 불안한 시기가 있다는 것은 알고 있다. 특히 게으름이 의존을 의미할 때 그리고 주변의 도움이 필요한 사람들이 게으름으로 인해 곤경에 처하게 될 때 불안해진다. 하지만 환자가 그 문제를 풀기 위해 끊임없이 노력해야만 하는 것은 아니다. 만약 자기 자신을 걱정으로 괴롭히지만 않는다면, 가끔은 충분히 솔직하고 당당하게 적극적인 인생에 다가설 수 있다.

불안하고 지친 정신으로 지속적으로 노력하도록 만든다면, 그 목표에 이르지도 못할 뿐만 아니라 환자를 실망과 오해 속으로 더 깊이 빠져들게 만든다. 이런 일이 자신들의 어려움을 극복하고, 게으름이라는 멍에를 내던지고 더 좋아지지 위해 가장 힘들게 노력하는 사람들에게 더욱 일반적으로 나타난다는 것은 얼마나 잔인하고 또 얼마나 불행한 일인가.

지나친 노력은 실패의 원인이 된다

자신의 일로 다시 돌아가기 위해 최선을 노력을 다했지만 실패했을 때, 이러한 노력을 한번뿐만이 아니라 수없이 시도했을 때, 필연적으로 슬며시 오해가 파고들어 매우 깊은 의문을 품게 되며, 거듭해서 자신을 의심하게 된다. 하지만 실패의 원인들 중의 한 가지는 너무 지나친 노력일 수도 있으며, 휴식하는 법을 모르는 것일 수도 있다.

휴식하는 법을 배우고, 정신이 맑고 명쾌해질 때까지 생각과 계획을 미루는 법을 배워야 한다. 그래서 게으름이 주는 기쁨과 휴식이라는 평화를 아는 올바른 길에 들어선다면, 훨씬 더 효율적이며 활기찬 일상생활로 돌아갈 수 있게 된다.

그렇다면, 지루함에서 벗어나려고 할 때, 그 상황을 고통스럽게 만드는 것은 게으름이 아닌 것이다. 성공적인 게으름의 의미를 알지 못한다면, 침대에 갇혀 있는 환자는

•

자신의 생각 때문에 괴로움에 빠지게 되는 것이다.

　이런 인식은 내가 제시했던 전략, 즉 걱정과 초조에 맞서는 싸움을 포기하는 것으로 얻을 수 있다. 하지만 정신이 모두 변화했을 때, 게으름의 중요성을 발견하는 성장과 발달을 통해 인생이 자유로워질 때, 그래서 세상을 현명하고 인내심 있는 눈으로 바라보게 될 때 평화는 확실하게 '양 날개를 치유하고' 지속적으로 찾아오게 될 것이다.

　그 과정에서 우리의 눈이 인생을 신성시하게 되고, 황무지마저도 아름답게 만드는 '영광을 보게 된다면' 육체적인 상태는 아무런 문제도 되지 않는다. 침대에 누워 있을 때 창문으로 바라보는 광경은 과연 어떤 것일까? 운이 좋다면, 정원의 한 귀퉁이를 보고, 푸르른 하늘을 배경으로 느릅나무 꼭대기를 보게 될 것이다. 슬프고 불행한 일들은 많겠지만 우리 주변에는 이처럼 단순하고 말로 표현할 수 없는 아름다운 것들이 있다. 그렇다면 이 세상과 인생은 더 이상 의미 없는 것이 아니다. 게으름일지라도 소중한 세상의 일부이기 때문에 어느 정도는 감내할 수 있게 된다.

·

불행하게도 불구인 사람의 경우, 게으름은 종종 신체나 신경의 고통을 견디고 괴로워해야 하는 통증을 의미한다. 이것은 또 다른 문제이다. 그 어떤 신념으로도 충분히 감당할 수 없다. 나의 환자들은 고통을 견디는 최선의 방법을 알고 싶어 하며, 고통보다 더 견디기 어려운 '신경'의 공격을 극복해낼 방법을 알고 싶어 한다. 방법을 알려달라는 요청이 있을 때, 나는 그저 고통을 견뎌야 할 시간은 전에도 있었고 앞으로도 있을 것이라 말할 수 있을 뿐이다.

　신경의 공격이 줄어들고, 상대적으로 견디기 쉬운 평온한 시간을 기다리며 견뎌야 한다. 고통이나 '신경'의 공격이 끝나고 난 후에야 비로소 또 다른 고통의 가장 끔찍한 특징들을 예방해야 할 시간이 온다.

　곤경을 잊어야 한다. 고통스러운 기억에도 불구하고 단순하고 행복하게 살아야 한다. 그래야만 환자 자신이 격퇴하거나 다음에 찾아올 고통을 견뎌낼 수 있는 모든 일들을 해낼 수 있게 된다. 순수한 육체적 고통의 경우, 고통 그 자체는 의사의 판단에 맡길 문제다. 그 원인을 찾아내고 치료 방법을 적용하는 것은 의사의 일이다.

5. 게임의 법칙

몸이 건강하다는 것은 좋은 일이며, 정신이 건전하다는 것은 더 좋은 일이다. 하지만 둘 다 우리가 개성이라 부르는 씩씩하고 예의바른 성품을 모아놓은 것과는 비교될 수 없다.   _시어도어 루즈벨트

냉혹한 숙명에 맞서는 유일한 효과적인 처방은
그것에 순응하는 것이다.   _페트라르카

정신과 신체는 유기적으로 연결되어 있다

　대부분 '신경과민으로' 힘들어 하는 환자들을 둘러보고 있을 때, 그들이 아픈 이유를 생각하느라 가끔씩 멈춰 서곤 한다. 스스로 통제할 수 없는 육체적인 결함 때문에 앓고 있는 사람들도 있고, 부주의하게 제멋대로 살아온 결과로 고통을 겪는 사람들도 있다. 그보다 더 많은 사람들은 단순히 게임의 규칙을 무시했기 때문에 고통을 겪는다.

　세상에는 아주 많은 규칙들이 있으며 그것을 모두 알고 있는 사람은 없다. 하지만 우리는 이른바 법칙의 세계에 살고 있으며, 만약 그런 법칙들을 조금이라도 어긴다면 실수이든 아니든, 성자이든 죄인이든 상관없이 똑같이 고통을 겪어야 한다. 정신적인 안정감과 균형을 잃게 되었을 때, 회복과 관련된 법칙들도 있다. 하지만 회복과 관련된 법칙들은 우리를 병들게 만드는 것들보다 상대적으로 적게 관찰되고 이해되고 있다.

사고나 감염 그리고 악성종양에서 비롯된 심각한 질병들을 여기에서 다룰 필요는 없을 것이다. 다만 육체적인 면에서 비교적 건강한 사람들을 무기력하게 만드는, 파악하기 어려운 손상을 주로 다루기로 하자. 신경성 질병들이 육체적인 질병의 원인이 되며, 육체적인 질병이 매우 흔하게 신경성 질병과 공존한다는 것은 사실이다. 하지만 지금은 인위적으로 분리해서 검토해보기로 하자.

'신경쇠약'이 발생했을 때 인간의 유기적 조직에 어떤 일이 발생하는지에 대해선 아무도 모르는 것처럼 보이지만, 정신과 신체는 협력하여 환자를 비참하고 무력하게 만든다. 어쩌면 이것은 그 상태를 유지시키면서 더 이상의 손상을 막으려는 자연의 치유방식일 수도 있다. 일반적으로 그 상태를 유지하기 어려우므로 그것 자체가 관리되어야 하는 일이다.

우리가 알게 모르게 자주 어기고 있는 법칙들은 자연의 섭리로서 존재하는 것이다. 우리가 겪는 고통의 강도에 따라 얼마나 많이 자연의 섭리를 위반했는지를 가늠하게 된다. 만약 어떤 사람이 어둠 속에서 현관문에 부딪쳤다면 그 결과는 누구나 알 수 있다. 단순한 경우이기 때문이다. 하지만 만약 그가 빨리 부자가 되기 위해 사무실에서 초과근무를 하다가 신경성 소화불량에 걸렸다면 그것은 파악하기 쉽지 않은 일이다.

'사교계에 진출한' 어떤 여성이 있었다. 그녀는 건강했으며 그녀의 어머니는 딸의 사회적 성공에 큰 기대를 품고 있었다. 그것은 수개월 동안 일주일에 네 번을 밤에는 춤을 추거나 식사를 하고, 새벽 3시나 그 이후에 집으로 돌아온다는 의미였다.

그런 생활이 계속되는 동안에는 즐겁고 유쾌했지만, 오래 견딜 수는 없어서 그녀의 몸은 갑자기 균형을 잃고 말았다. 춤을 추며 오랫동안 지속된 육체적인 긴장을 견딜 만큼 건강하지는 않았기 때문에 몸에 문제가 생겼던 것이다. 자신의 재능에 쉴 시간을 부여하지 않았기 때문이거나, 어쩌면 그 과정에서 있었던 연애사건 때문에 신경이 예민해졌을 것이다. 그 결과로 1년 동안 앓게 되었으며, 그 후에는 회복의 규칙들을 이해하지 못했기 때문에 몇 년 동안의 회복기간을 가져야만 했다. 이런 일반적인 규칙을 충분히 이해하고 있어야 하지만 가장 똑똑한 사람들도 모두 다 지키지는 못하고 있다.

건강을 해친 학교 선생님들의 일반적인 사례는 더욱 안타깝다. 나는 이런 불행한 일이 무엇보다 현명하지 못한 직업 선택 때문에 자주 일어난다고 생각한다. 해마다 대학교에서는 교직이 대체로 적절하고 쉽게 적응할 수 있는 분야라고 생각하는 수백 명의 청년들을 배출한다. 아마 이런 청년들 중 아주 적은 소수만이 점점 늘어가는 학교의 요구를 육체적으로나 신경적으로 감당할 수 있을 것이다. 그들이 당분간은 잘 적응할 수도 있고, 일부는 대단히 잘 해낼 수도 있다. 예민하고 극도로 긴장된 유기적 조직체인 학교는 높은 안목과 효율성을 유지하기 때문이다.

얼마 후 학교의 요구사항들에 대한 걱정과 초조 그리고 교실에서 줄곧 말을 해야 하는 업무는 그 특별한 분야에서 실패를 맛보게 될 운명인 사람들에게 영향을 끼치기 시작한다. 그런 청년들의 어려운 입장은 일반적으로 그들의 업

무에서 비롯된 것이기 때문에 특히 가혹하다.

포기하는 용기도 필요하다

결국 신경에 손상을 일으키는 것은 우리가 하는 일이 아니라 일을 하는 방식과 일에 대한 우리의 생각이다. 이상한 일이지만, 자신의 노력에 대한 판단과 능력부족에 대한 안타까운 감정이 현실적인 육체적 노력만큼이나 신경계를 해치게 된다.

인생에서 뒤처지지 않기 위해 너무나도 빠르게 진행되는 모든 일들을 따라잡으려는 시도가 빈번하게 게임의 규칙에서 벗어나도록 만들면서 해를 끼친다. 그것을 피할 수 있는 사람은 거의 없다. 우리에게 주어진 삶은 매우 빠르게 지나간다. 처리해야 할 일들은 늘어나고, 적응하지 못한 상태로 준비도 하기 전에 책임은 또 늘어난다. 그런 일들이 피로감과 혼란을 일으킨다. 우리는 그 일들을 회피할 수도 없으며, 충실하게 해내지도 못하게 된다.

합당하게 할 수 있는 모든 일을 다 했다면 그 결과가 무엇이든 상관없이 멈춰야 한다. 할 수만 있다면, 이것이 내가 지키라고 강조하고 싶은 원칙이다.

그 이상의 일을 하는 것은 무거운 짐을 억지로 끌고 가다 넘어지는 것과 같아서, 노력했던 목표를 이루지 못하게 된다. 현재 하고 있는 일이 자신에게 적합하지 않다는 것이 밝혀지면, 포기하고 다른 일을 찾거나 그 일을 자신의 능력 내에서 처리할 수 있도록 변형시켜야 한다.

그렇게 하려면 용기가 필요하다. 현재 하고 있는 일에 매달리는 것보다 더 많은 용기가 필요하다. 하지만 하루에 수행할 수 있는 일만을 생각하고 처리한다면 포기할 필요는 거의 없을 것이다. 문제는 주어진 일과 책임을 모두 한 덩어리로 본다는 것이며, 그것이 우리를 무너뜨린다.

의무를 한 번에 조금씩 이행할 수 있도록 우리의 삶을 조정할 수 없다면, 실패를 인정하고 더 낮아 보일 수도 있는 수준에서 다시 시도해야 한다. 나는 그것을 용감한 일이라고 생각한다. 자신의 직위를 감당할 능력이 없다는 것을 알게 된 공장장이 완벽하게 일처리를 할 수 있는 원래의 작업대로 돌아가기로 선택한다면 나는 그를 존중할 것이다.

생각과 행동에서 나타나는 반신반의하는 습관은 사람과 신에 대한 신뢰의 부족에서 형성되기도 하지만, 그럼에도 때로는 그 상태 그대로 대처해야 한다. 이것은 약간의 의지를 실천하는 것으로 적지 않게 교정할 수 있는 사소한 습관이다. 나는 애매하게 망설인 후에 올바른 결정을 하는 것보다 아주 여러 번 잘못된 결정을 빨리 하는 것이 더 낫다고 생각한다. 만약 인생의 이상이 아름답고 진실하다면 당연하게도 우리가 내리는 결정들도 올바르고 진실한 것이라고 신뢰할 수 있기 때문이다.

만족스럽지 않은 사소한 일들을 잘 마무리하는 것으로 우유부단함을 크게 개선시킬 수는 있다. 하지만 진실에 공감하며, 우리의 행위와 생각이 인생에서 가장 훌륭한 것과 관련된 건강한 성장의 확고하고 필연적인 표현이 될 때까지는 궁극적으로 극복하지는 못할 것이다. 초라한 다짐을 밝히는 것이 아니라 매일 아침 태양이 바다 위로 솟아오르듯 새로워지는 올바른 삶을 향한 힘찬 외침이 될 때까지는 극복할 수 없다.

제아무리 대수롭지 않다 해도, 우유부단이라는 습관은

실제로 나쁜 습관들 중에서도 사람을 가장 무력하게 만드는 것들 중의 하나이다. 그것이 어디에서 비롯된 것이든, 원인과 결과의 관계에 관여하든 안하든, 교묘하게 인생의 활력과 생기를 뺏어가며 우리를 당분간 흐리멍텅하고 나약한 상태에 머물게 한다.

반신반의하는 태도 다음으로 인간의 가장 훌륭한 전망을 파괴하는 것은 영감이 없는 신념이다. 자신과 자신의 가족을 물질적으로 편안하게, 심지어는 부자로 만들겠다는 한 가지 생각만을 하는 사람이 신경쇠약에 걸리지는 않을 것이다. 하지만 그는 도덕적으로 무기력해지게 된다. 인생의 실질적인 풍요를 모두 부정하게 되고, 지나친 독선에 빠지거나 바라는 것이 전혀 없을 정도로 만족하지 않는 한, 결국에는 정신적인 불안을 겪으며 불만족스러운 열망을 품게 될 것이다.

더 큰 인생은 필연적으로 우리 자신과 가족의 과도한 요구에서 멀어지도록 한다. 신을 향해 이기심 없는 사랑을 약속하듯, 더 큰 인생은 우리에게 이기심에서 벗어날 것을 요구한다. 그런 신성한 목표와 정신을 향해 다가서려 하지 않으면서 신을 섬긴다는 것은 과연 어떤 의미가 있을까?

우리는 돈을 벌고 모으고 소비하면서 우리에게 의존하는 사람들의 요구를 충족시켜야 하지만, 가족의 보금자리라는 테두리를 너무 너그럽게 설정한다면 자녀들은 점점 더 무기력해진다.

원칙보다 영감이 우선이다

칭찬받고 자신의 명성을 높이는 특정한 방향으로 자선을 한정시켜서는 안 된다. 우리의 행위에 진심을 담아 사람들의 눈에 띄지 않는 곳에서 기부하고 봉사해야 한다. 그러면 우리는 너무 풍족해서 계산할 수 없는 평온한 정신을 가질 수 있게 된다.

무언가를 추구하기 위해 그렇게 해서는 안 된다. 자선은 사람들이 궁핍과 슬픔이라 부르는 것의 한가운데 존재할 수도 있지만, 아주 풍부한 분별력에 존재하게 될 것이며 우리 것이 될 것이다.

자신의 이익을 절대로 빼앗기지 않으며, 거래는 언제나 정확하고 양보가 없는 이른바 냉철한 사업가는 병에 걸렸을 때 비참한 사람이 되기 쉽다. 사업에는 정확성과 합목적성이 절대적으로 필요하다는 것은 알고 있다. 하지만 만약 우리가 평온한 정신을 원한다면 돈을 위한 싸움터보다 더 넓은 곳에서 우리의 삶을 영위해야 한다. 우리 내면에서 우러나는 자선은 진정으로 관대하며 가혹한 반응에서 벗어나도록 할 것이다.

게임의 법칙을 점점 더 늘리려는 것은 엄청난 유혹이다. 우리 모두가 강조할 필요가 있는 현명하고 필수적인 조언들은 무척이나 많다. 그것은 우리가 피하려 노력해야 하는 과정이다.

어린이는 일정한 기간 동안은 독단적으로 무엇이 옳고 그른지, 해야 할 일과 해서는 안 되는 일에 대한 조언을 들어야 할 필요가 있다. 그러나 만약 기초적인 원칙이 올바르게 형성되었다면 필연적으로 인생의 사소한 것들이 아니라 올바른 삶을 향해 점점 커지는 본능을 길러야 하는 때가 온다.

그렇게 되면 그런 물줄기는 명확하고 순수해진다. 그런 물줄기는 흐름을 유지하면서 제방을 따라 흘러드는 위험을 무력하게 만들 수 있다. 오염된 유입물로 인해 엄청난 피해가 일어날 수 있는 것은 사실이지만, 훌륭한 원천에서 흘러들어오는 물줄기가 늘어날수록 점점 더 피해가 적어지게 된다.

심각한 병에 걸리지 않도록 우리의 습관을 잘 관리해야
하지만 절대로 그것이 주된 관심사가 되어서는 안 된다.
그로 인해 매우 편협하고 고단한 삶을 살아야 한다고 생각
해서는 안 되는 것이다. 게임의 가장 중요한 원칙들 중의
하나를 지키는데 실패하고 있는 것이라고 생각해야 한다.

6. 신경질적인 기질

보라, 추한 현실 너머의 모든 곳에
끝도 없는 상상력의 영역이 있다.   _브라우닝

지나치게 민감한 사람은 언제나 자신의 평온함을 위태롭게 한다.
_사무엘 존슨

갈고 다듬은 시인들의 세련된 언어는 서로를 밀쳐내며 추하게 다투는 현실에는
어울리지 않는다.   _스티븐슨

평범한 것에서 아름다움을 찾아내는 능력

의사로서 이른바 신경질적인 기질을 많이 다루어야 하는 것이 나의 운명이다. 나는 이런 기질을 두려워하면서 동시에 사랑하게 되었다. 신경질적인 기질은 밝고 상상력이 풍부하며 멋진 모든 것들의 정수이지만 물만큼이나 불안정하다. 이런 예술적인 기질을 타고난 사람들은 고통을 겪어야 한다.

남들보다 더 깊게 느끼는 것이 그들이 운명이며, 가까운 친구들에게 빈번히 오해를 받는 것도 그들의 운명이다. 이런 사람들은 사는 내내 기쁨의 눈물을 흘리겠지만, 슬픔의 눈물은 더 많이 흘리게 된다.

나는 그들의 기쁨에 대해 말하고 싶다. 새롭고 아름다운 것들을 만들어내는 진정한 행복과 완벽한 만족감에 대해 말하고 싶다. 다른 사람들의 훌륭한 작품을 감상하면서 그들이 느끼는 강렬한 쾌감에 대해 말하고 싶다. 하지만 마치 일정한 종류의 사냥에 길들여진 사냥개의 본능처럼 나는 자꾸만 그들의 불행과 질병으로 눈을 놀리게 된다.

지각작용이 매우 예민한 사람들은 완벽하지 못한 것들을 고통스러워한다. 시끌벅적한 거리에서 그들은 어떻게 해야 할까? 감미로운 소리를 섬세하게 감지해내는 그들의 민감한 귀는 어떻게 해야 할까? 복잡한 오케스트라 음악을 들으며 리듬과 음의 높낮이가 살짝 이탈하는 것을 알아차리는 그들의 정교한 청각은 어떻게 해야 할까? 그들이 바위에 부딪치는 쇳소리와 교통지옥의 소음을 견뎌야만 하는 것일까?

당연히 견뎌야 한다. 그들은 그런 소음을 견뎌내야만 한다. 적어도 문명이 도시의 소음을 없애줄 수 있을 정도로 발달할 때까지는 앞으로 아주 오랜 시간을 견뎌야만 한다. 하지만 엄청난 소음들이 언제나 불안하고 혼란스럽게 만드는 것은 아니다.

소음에 너무 민감해서 자신의 집에 온통 방음장치를 했
던 한 여성이 있었다. 그녀의 집에는 두꺼운 카펫이 깔려
있었고, 문들은 모두 소리 없이 닫혔으며, 집안의 모든 것
에 방음용 패드를 덧붙여 놓았다. 그녀의 집은 조용한 거
리에서 멀리 떨어져 있었지만, 자동차의 소음을 차단하기
위해 진입로에는 나무껍질을 뿌려놓았다. 그곳이 예민한
사람에게는 더 없이 행복한 장소인 것은 분명했다. 불가피
한 소음들도 얼마나 견딜 수 없었는지를 보여주는 나머지
이야기를 더 장황하게 할 필요는 없을 것이다. 그 가련한
여성은 결국 청개구리와 귀뚜라미들을 잡아 없애줄 사람
을 고용했다고 한다.

이 세상의 불필요한 소음들을 너그럽게 용납할 이유는
전혀 없다. 결국 울긋불긋한 간판들과 장티푸스를 옮기는
파리들을 없애는 것만큼이나 그런 소음들도 없애야 한다.
하지만 동시에 그 문제에 예민한 사람은 언제나 스스로가
주변 환경과 상황에 적응하는 법을 익혀야 한다.
이런 적응은 그 자체로 훌륭한 예술이 된다. 화가가 자

신의 풍경화에서 진부하고 부적절한 요소들을 배제시키는 것과 같은 예술이다. 때로는 의식적으로 적용해야 하지만, 대부분의 경우 자연스럽고 무의식적인 선택이 되도록 해야 한다.

마음의 평화와 평온한 정신을 얻기 위해 자신의 예민한 예술적 감각을 무디게 만들려고 시도하는 것은 전혀 현명하지 못한 일이다. 아름다운 것과 진실한 것을 사랑하고 이해하는 능력은 그 어떤 상황 속에서도 잃거나 약화시켜서는 안 되는 너무나도 희귀하고 훌륭한 자질이다. 내가 보기에 치유책은 모든 사물과 사람에게서 아름다움을 찾아내는 능력을 더욱 계발하는 것이다. 이런 능력은 장점이어서, 수없이 많은 진부한 것들을 받아들여 그 속에서 몇 방울의 소중한 에센스를 정제해낸다. 평범하고 불완전한 것에서 쉽게 발견되지 않는 아름다움을 찾아내는 것이다.

스스로 더 넓은 세상으로 나아가야 한다

신경과민인 사람은 종종 까다롭고 반사회적이다. 이해받지 못해서이기도 하고, 그 자신의 품고 있는 이상이 너무 미흡하기 때문이기도 하다. 대체로 그는 어디에서도 마음이 맞는 사람을 만나지 못한다. 그런 특징을 지닌 사람이 상처를 입게 되는 상황 속으로 내몰아서는 안 된다고 생각한다. 그러나 그 자신이 진정한 예술가이며, 속물근성이 없다면 지나치게 많은 희생을 치르지 않고도 스스로 더 넓은 사회생활 속으로 들어설 수 있다.

주변 사람들에게 자신의 뛰어난 예술적 재능을 보여주지 못하고, 확고하게 자신을 표현하지 못하는 예민하고 신경질적인 사람은 언제나 상처를 받을 위험이 있다. 이렇게 자기 안에 갇혀 있는 사람은 활활 타오르고 있는 불꽃과 같다. 그 열기를 세상을 따뜻하고 평온하게 만드는데 활용하지 못한다면 그는 아주 오랫동안 타오르면서 수없이 고통을 겪게 된다.

실제로 병에 걸린다면 신경질적인 기질은 한층 더 감당할 수 없게 된다. 예민한 기능들이 더욱 더 예민해지고, 과민성은 강박관념이 되며, 게으름은 공포가 되고 만다.

신경질적인 기질은 자극을 받으면 아주 쉽게 이기적으로 변한다. 그리고 그것을 개성이라 부르며 자신의 이기심 뒤로 숨어버리기 쉽다. 불안해지면 흥분 속으로 빠져드는 사람, 매일 거리의 소음으로부터 고통을 겪는 사람, 많은 것을 성취했지만 자기 내면으로 숨어버린 사람은 이런 불행들로 자신의 삶 주변에 장벽을 쌓고 있는 것이다.

그 장벽은 인생에서 누릴 수 있는 행복을 차단한다. 이런 감옥의 장벽에 부딪친 불협화음은 강하게 증폭되어 그곳에 갇혀 있는 그에게 되돌아간다. 그 장벽의 효과는 매우 현실적이다. 그러나 갇혀 있는 그가 스스로 밖으로 나아가려 시도하고, 자신의 이기심과 실수를 인정하기 시작한다면 장벽은 더 이상 존재하지 않게 된다. 그때가 되면 소음과 초조함은 그를 향해 열려 있는 더 넓은 세상 속으로 퍼져나가 사라지게 된다. 결국 인간이 사는 세상 속에선 이기적이지 않은 봉사를 통해서만 이런 확장된 삶을 실현할 수 있게 된다.

봉사할 기회는 전혀 부족하지 않다. 어쩌면 그가 할 수 있는 가장 단순하고 효과적인 봉사는 사소하게 개인적으로 실천하는 대부분의 자선을 뛰어넘는 관대하고 전문적인 자선일 것이다.

뛰어난 예술적 재능과 역량을 갖추었지만 신경과민 환자였던 여성이 있었다. 그녀는 병에서 회복하는데 필요한 돈이 없어 아프고 무기력했다. 어리석은 방종이나 사치가 아니라 심각한 가난의 구렁텅이에서 빠져나와 뛰어난 예술적 재능을 펼칠 기회를 제공할 돈이 없었던 것이다. 그녀는 주변에서 흔히 볼 수 있는 일반적인 자선이 미치지 않는 곳에 있었다. 또한 나는 그리 큰 희생 없이도 그녀를 도울 수 있었던 많은 사람들을 알고 있었다.

그들이 그녀를 직접적으로 돕지 않았던 것은 단지 잘 조직된 자선단체에 정기적으로 기부를 하고 있었기 때문이었다. 그렇게 그들의 자선행위는 오용된 셈이었고, 그로 인해 그녀의 재능을 통해 그들 자신의 삶을 확장하고 발전시킬 기회를 잃게 된 것이었다.

자선은 신경의 건강을 위한 헌신이다

편견 없는 관심을 강요할 수 없다는 것은 잘 알고 있다. 그것은 일반적으로 다른 방식으로 나타나야 한다. 인생의 확장을 통해 객관적인 관심을 갖도록 만들어야 한다. 가끔씩 나는 그런 종류의 발전, 그런 종류의 자선을 강요할 수 있게 되기를 바라곤 한다. 가끔은 부유한 신경쇠약증 환자로 하여금 그의 동료들을 돕게 만들고, 새로운 예술을 발전시켜 사람들을 슬픔과 상실감에서 구해낼 수 있게 되기를 간절히 바라기도 한다.

이 세상에 함께 살고 있는 우리는 모두 같은 종족이다. 그것을 인정하고 자녀를 돌보는 것처럼 불행한 사람들을 위해 봉사하는 것은 많은 질병들의 치유책이 된다. 이것은 새로운 예술이며, 모든 예술적인 성취들 중에서도 가장 위대하며 최종적인 것이다. 이것은 우리의 가슴을 따뜻하게 만들며 유익하고 선한 모든 것들을 향해 우리의 삶을 열어 준다.

신경질적인 기질의 치유에서 '영감이 우선'이라는 나의 이론을 적용하기는 어렵다. 여기에서는 자선이 우선되어야 한다. 그 어떤 영감이나 인생의 즐거움보다 먼저 자선을 베풀어야 한다. 언제나 통상적인 의미의 자선이 필요한 것은 아니다. 가끔은 돈 외의 소중한 것을 주는 자선이 최선의 자선이 되기도 한다. 하지만 그 어떤 의미에서도 자선은 헌신이며, 신경의 건강을 향해 나아가는 아주 먼 길이다.

당신 자신을 주고, 당신의 재산을 주고 나서야 이기심의 인과응보로 겪는 고통이 멈추게 된다. 그런 후에 다음 단계를 밟아야 한다. 병에서 벗어나 평범한 일상생활로 돌아왔기 때문이 아니라 세상이 점점 더 넓어지고 더 따뜻하며 더 행복해졌기 때문에 자선을 베푸는 것이다.

　기부하는 사람이 자신의 공감을 전달하고 자신의 재산을 주는 것은 그래야만 하는 의무이기 때문이 아니다. 자신이 원하기 때문에 기부하는 것이다. 그때가 되면 영감을 앞세우는 것이 더 훌륭하다는 말의 의미를 알기 시작할 것이다.

7. 자제심

매일 자유와 존재를 새롭게 극복하는 사람만이
자유와 존재를 얻는다.   _괴테

슬플 때는 슬퍼해야 한다

자제심이나 그와 비슷한 주제를 다루는 많은 작가들이 정신생활을 의식적으로 신중하게 지배해야 한다고 주장한다. 그들은 이렇게 말한다.

"아침에 깨어났을 때, 무엇보다 우선 즐겁게 살겠다는 결심을 해야 한다."

불쾌한 일이나 걱정거리가 있다 해도, 언제나 미소를 지으면서 불쾌함을 극복하겠다는 다짐을 거듭해야 한다는 것이다.

나는 이런 식의 자기절제를 좋아하지 않는다. 존중하고 인정하고 싶지만 그럴 수가 없다. 그것이 내게는 강한 자의식을 내세우는 피상적인 태도로 보이기 때문이다. 이런 태도가 전혀 없는 것보다는 나을 것이며, 분명 행복하게 사는데 도움은 될 것이다. 하지만 고통과 슬픔에 빠져 있으면서도 반드시 마음을 밝게 꾸며야 한다고는 생각하지 않는다.

마음 깊은 곳에서 느끼는 자연스러운 즐거움에서 벗어나 있어서는 안 된다는 것이 진실이다. 솔직하고 자연스럽게 슬플 때는 슬퍼야 한다. 하지만 슬픔 속에서도 마음에 밝은 빛이 비추도록, 그래서 곧 자연스럽게 슬픔의 흔적들을 없애버릴 수 있도록 기원해야 한다.

집요하게 가치 있는 생각을 추구하는 사람보다 자신의 정신적인 태도에 집착하지 않는 사람이 더 자신을 잘 관리하고 행복감을 느낄 수 있다. 위로와 충고를 위한 좌우명과 신조를 구하려는 사람보다 인생의 괴로움과 슬픔을 잘 이해하는 사람이 더 용감하게 자신의 고통을 잘 견뎌낼 수 있다.

•

슬픔을 이겨내는 사람들의 삶의 깊은 곳에는 변치 않는 평화와 기쁨이 있다. 그런 평화는 물질세계에 대한 풍부한 경험만으로 얻을 수 있는 것이 아니다. 모든 물질적인 것들 너머에 있는 생기 넘치는 영혼을 향해 가슴이 열려 있지 않다면 때로는 그런 경험에서 절망이 찾아오기도 한다. 이 생생한 영혼이 삶을 만들어내고 새롭게 하며, 인생을 형언할 수 없을 정도로 아름답고 소중하게 만들기 때문이다. 물질적인 것들에 대한 경험은 단지 시작일 뿐이다. 우리는 생생한 영혼을 통해 물질적인 것들을 둘러싸고 있는 보다 더 넓은 인생을 경험하게 된다.

우리 자신이 신이 만든 우주에서 일하고 성장하는 일부분이라고 느낄 때 우리의 가슴은 자연스럽게 찾아오는 용기를 받아들일 수 있게 된다. 그 후에는 지상에서 느끼는 보잘것없는 슬픔이나 기쁨에도 흔들리지 않게 되며, 이런 모든 감정의 주인이 되는 커다란 기쁨을 누리게 된다. 그렇게 우리가 갖추게 된 공감능력과 자비심은 고통과 결핍을 겪고 있는 세상 속으로 자연스럽게 흘러들어가게 된다.

베토벤은 꽤 까다로운 기질을 지닌 사람이었다고 한다.

•

하지만 아무도 감당하지 못할 정도의 시련 속에서도 자신의 교향곡들을 작곡했다. 생명력 넘치는 영혼과 함께 있다는 것을 느낄 때, 비록 우리가 소중하게 여기는 것들을 빼앗긴다 해도 불굴의 의지로 우리의 교향악을 작곡하고, 여러 가지 과업들을 해낼 것이다. 어떤 질환 때문에 아주 사소한 일만 할 수 있다고 상상해보자. 그 사소한 것들 속에 보다 큰 영감이 있다면, 인생을 풍족하고 훌륭하게 만드는 데 충분할 것이다.

보다 큰 인생의 기쁨은 완벽함에서 얻어질 수 있는 것이 아니라 오직 우리가 다가갈 수 있는 평생의 봉사와 경험을 통해서만 얻을 수 있다. 그것이 신성한 원인의 증거이다.

"신은 당신을 늑대로부터 지켜주고, 당신의 마음속 가장 깊은 곳에 있는 욕망으로부터 지켜준다."는 루마니아의 속담이 있다. 만약 욕망을 마음껏 채우기만 한다면 우리는 그것들의 가치 없음을 증명하게 될 뿐이다.

베토벤이 자신의 음악 속에서 마음속에 품고 있던 욕망을 모두 이루었다고 생각하는 사람이 있을까? 그가 하찮은 사람이었다면 그렇게 했을 것이다. 그는 주변사람들을 즐겁게 해주는 사람은 아니었다. 그것은 불행한 일이어서 완벽한 영감을 얻지 못하고 통상적인 자기절제에 실패한 사람이었다는 것을 보여준다. 하지만 적어도 그는 성실했으며, 성실함이 그가 이루어낸 것에 적지 않은 도움이 되었다. 그래서 나는 의무감으로 즐거워하기보다 차라리 침울하지만 성실한 사람이 되는 것이 더 낫다고 생각한다.

좌우명에 인생을 끼워맞춰서는 안 된다

인생의 위대한 과업에 대한 우리들의 지식은 언제나 봉사하는 현실 속에서 구체화되고 이루어져야 한다. 그렇지 않다면 우리의 의지는 약해지고 무기력해질 것이다. 주는 것을 망설이는 자선은 그 사람에게 되돌아와 그를 약하게 한다. 나는 언제나 의무감을 통해 살거나 봉사해서는 안 되며, 오로지 영감을 먼저 찾아야 한다고 주장한다. 우리 자신이 신을 찾기 위해 봉사하는 것이 아니라 우리가 신을 찾았기 때문에 봉사하는 것이다. 내 것을 기꺼이 줄 수 있을 때까지 우리의 영혼이 깨달음 속에서 성장했기 때문에 봉사하는 것이다.

그 정도의 단계까지 성장했다면, 우리는 용감하고 솔직하게 슬픔과 실패를 마주할 수 있게 된다. 영국의 배우인 포브스 로버트슨이 엄청난 상실감에 빠져 있던 친구에게 보낸 편지에서 알 수 있듯이, 타인이 겪는 고통 속에서 우리 자신과 그들의 고통을 함께 느끼게 된다.

"자네가 이 슬픔을 절대로, 절대로, 절대로 극복할 수 없기를 기도하겠네. 하지만 그 슬픔을 통해 마침내 신의 가슴속으로 들어갈 수 있기를 기도하겠네."

분명히 이것은 전혀 세속적이지 않은 일이지만, 나는 감히 이렇게 주장할 것이다. 그런 기준과 방법은 가장 세심하게 계획된 의무를 권하는 것보다 성공적이며 잘 조절된 사람의 특징에 더 가깝게 도달할 것이라고 주장할 것이다.

만약 우리가 인생을 멋지게 만들 계획을 짜면서, '나는 어떤 일이 일어난다 해도 너그럽고 즐겁게 살 것'이라고 말한다면, 우리는 잘못된 목표로 시작하고 있는 것이다. 우리가 선택한 좌우명에 현실의 삶을 끼워 맞추는 역방향으로 나아갈 수는 있다. 하지만 오래지 않아 너무 혼란스러워 어디로 가야 할지 확신할 수 없게 되고 중간 어디쯤에선가 멈추게 되기 쉽다.

어떤 경우에도 자기절제는 의식적으로 실천할 수 있는 것이 아니다. 행복하기 위해 노력을 해야 한다는 것은 적절하지 않지만, 행복한 영혼으로 우리의 삶을 고귀하게 만든다면 불행은 거의 불가능해지게 될 것이다.

8. 보다 더 가벼운 태도

내 마음만큼 무겁지는 않았지만

밤늦게 집으로 가던 연인이

내 창가를 지나치며

불어주던 휘파람 소리　_에밀리 디킨슨

진정한 웃음은 강요되지 않는다

걱정이 많은 사람들을 겁먹게 하는 일은 아무런 도움이
되지 않는다. 그래서 진실을 말하는 것은 현명한 일이지만
'걱정은 가장 나쁜 비극으로 이어진다'고 충고하는 것은 잘
못된 일이다. 걱정을 극복할 가능성에 대한 조언을 듣고
희망을 품게 된다 해도, 실제로 매우 심각한 걱정에 빠져
있는 사람들은 본래의 비극적인 상태로 쉽게 돌아가곤 하
기 때문이다.

나는 걱정의 심각성을 가볍게 생각하지 않는다. 그러나
직접적이며 자발적인 노력으로 걱정을 극복하는 일은 쉽

지 않다고 확신한다. 걱정은 자신이 잊어버릴 때까지 사라지지 않으며, 의식적으로 잊으려고 노력하고 있다면 잊어버릴 수가 없다. 걱정이 많은 사람들은 자신의 일을 열심히 해야 한다. 즉, 걱정이 아닌 다른 일을 해야 한다.

인생은 심각하다. 지나치게 심각하며 페이소스로 가득차 있다. 우리는 인생에서 겪는 고통들을 가볍게 웃어넘길 수가 없다. 실재하는 것이기 때문이다. 하지만 적어도 그것들을 과장해서는 안 된다. 우리는 왜 세상의 모든 일들이, 심지어 계절의 변화와 불어오는 바람마저도, 마치 우리들의 노력에 따라 달라질 것처럼 행동하는 것일까? 당연하게도 우리 자신들의 행동과 생각 그리고 우리에게 의존하는 사람들의 행복에 대한 책임은 있다. 곤란한 것은 불필요한 책임을 너무 심각하게 받아들여 무리를 하면서까지 우리 자신의 행복한 목표들을 좌절시킨다는 것이다.

인생을 지나치게 사랑해서 걱정으로 망치지 않으려면, 버릴 것은 버리면서 내게 주어진 작은 세상을 보다 더 즐겁고 꾸밈없는 곳으로 만들어야 한다.
자식이 잘되기를 바라는 마음이 지나치게 커서 작은 잘

못들을 모두 꾸짖거나 억누르지 못해 그 아이도 걱정 많은 사람으로 만드는 대신 상냥한 말과 용기를 주는 격려로 올바른 길로 이끌어야 한다. 실수를 나무라는 일은 전혀 건설적이지 않다.

걱정이 많은 사람들에겐 이렇게 말하는 것이 더 낫다.

"자 이것이 인생이다. 네가 제아무리 한심스러운 일들을 저질렀다 해도, 나쁜 일들은 이제 모두 잊고 솔직하고 용감하게 잘 살아야 한다."

크게 잘못한 일일수록 더욱 더 잊어야 할 필요가 있다. 경박하지 않은 공손한 태도로, 잘못된 행동들을 망각의 구덩이 속에 묻어버리고, 그것들이 다시 살아나 괴롭히지 못하도록 해야 한다.

이것은 대단히 중요한 일이어서, 결과를 모면하거나 회피하겠다는 생각이 아니라 과거에 저지른 잘못을 현재와 미래의 선행으로 바꾸려고 해야 하는 것이다.

잘못을 저지른 사람은 이 방법으로 치료될 수 있다. 그는 더 이상 끊임없이 자신의 잘못에 대해 생각하지 않게 된다. 마침내 밝은 햇빛과 맑은 공기 속으로 빠져나온 그는 구덩이를 팔 수 있는 삽을 제공받게 되는 셈이다. 그 삽

이야말로 멋진 도구다. 그 삽으로 과거를 묻어버리고 보다 행복하고 더 나은 미래를 일구어야 한다. 잘못을 보상하기 위해서는 아주 많은 관심을 기울여야 하며, 기꺼이 잘못을 잊고 올바르게 살아야 한다. 그것이 진정하고 건설적인 뉘우침이다.

우리는 대부분 지나치게 심각하다

우리는 정신적 견해를 갑작스럽게 바꾸지 못하며, 슬픔이 닥쳐왔을 때 행복해질 수는 없다. "절망은 침묵하게 만들고 마음을 어둡게 만들기 때문이다." 이것은 공정하고 정상적인 일이다. 나는 불행한 사람들에게 이렇게 말할 것이다.

"행복해지려고 노력하지 마십시오. 하지만 차분하게 인간의 고통을 감싸고 있는 아름답고 위대한 세상으로부터 마음의 평화가 찾아오도록 하십시오. 그 마음의 평화가 나직한 목소리로 신에 대해 말해줄 것입니다."

진정한 웃음은 강요될 수 없다. 하지만, 우리가 그런 웃음이 당연히 찾아온다는 것을 알고만 있다면 우리의 삶 속으로 돌아오게 할 수 있다.

•

우리는 모두 심각한 문제를 보다 가벼운 태도로 대처하여 효과를 거두었던 사례들을 알고 있다. 무척이나 바쁜 외과의사의 생활이 좋은 예가 될 수 있다. 일반적으로 외과의사는 공감능력이 풍부하지만, 만약 그가 자신의 모든 환자들에게 너무 깊이 공감한다면 그는 머지않아 실패하고 말 것이다.

그는 자신의 일을 열심히 한다. 풋내기의사였다면 등이 오싹할 정도로 진땀을 흘리게 될 하루 여섯 번의 수술도 거침없이 해낸다. 마치 기계처럼 정확하고 실수도 하지 않는다. 만약 그가 수술을 할 때마다 울적한 마음으로 정신을 쏟는다면, 만약 결찰사를 묶을 때마다 걱정에 휩싸인다면, 만약 환자를 아프게 할까봐 줄곧 두려워한다면, 그는 형편없는 외과의사일 것이다. 그의 수술이 빈틈이 없고 정확한 대신 지나치게 신중하다면 고통을 받게 될 것이다. 자신의 환자가 죽을 정도로 피를 흘리게 될 것이라는 두려움 때문에 절대로 수술을 마치지도 못할 것이다.

그들은 전혀 경박한 사람은 아니지만 실제로 우울한 자신의 작업을 즐긴다. 잔인하고 피에 굶주린 사람이라고?

전혀 그렇지 않다. 위대한 외과의사들은 어린이만큼이나 마음이 부드럽다. 하지만 자신의 일을 사랑하며, 진심을 다해 환자들을 극진하게 보살핀다. 성공적인 의사들은 좀 더 가벼운 태도를 갖추고 있으며, 걱정에 빼앗길 시간도 전혀 없다.

가끔은 대중적인 공감을 이끌어내야 할 때가 있다. 여러 가지 통계들을 장황하게 나열해놓은 칼럼들이 과연 사람들의 공감을 얻으면서 행동을 이끌어낼 수 있을까? 오히려 풍자작가의 예리하고 밝은 비평이 더 큰 효과를 거둘 수 있다.

대부분의 사람들에겐 자연스러운 쾌활함이 있으며, 이것이 건강한 상태를 유지하는데 생각보다 훨씬 더 큰 도움을 준다. 안타까운 것은 책임감이 닥치면 곤경도 함께 닥친다는 사실이다. 사람들은 마치 억누르는 것이 의무인 것처럼 자신들의 밝은 자아를 억누르려는 경향이 있다. 이런 행복의 원천은 대단히 신경 써서 보호하는 것이 더 좋다.

어두운 거리를 걸어가는 소년은 휘파람을 불면서 더 많은 용기를 내게 된다. 그는 실제로 나쁜 일로부터 자신을 보호하는 것이며 자신만을 위해서가 아니라 그 소리를 듣는 사람들에게도 용기를 불러일으킨다. 가끔 효과가 있을 뿐인 가장된 즐거움을 말하는 것이 아니다. 고독한 희망 속에서도 용기를 보이는 것이 때로는 효과를 거두게 된다. 패배의 위험을 지나치게 심각하게 인식하는 것보다 훨씬 더 승리를 거둘 가능성이 크다. 용기를 보여주는 것은 종종 겉치레가 아니라 승리 그 자체인 것이다.

이 세상에는 부족한 것이 너무 많으며, 그것들의 운명은 우리 손에 달려 있다. 잘못을 바로잡도록 도와줄 수 있는 사람들의 절반은 눈을 감고 있거나 지나치게 이기적으로 자신들의 일에만 열중하고 있다. 우리에겐 도움을 줄 사람들이 더 많이 필요하다. 우리는 대부분 지나치게 심각하다. 잠들어 있는 사람들은 잠들어 있을 것이며, 걱정 많은 사람들은 줄곧 걱정할 것이며, 진지한 사람들은 자신들이 얼마나 우스꽝스럽고 처량한지를 누군가에게 확인시켜 줄 때까지 지루하게 자신들의 일에 매달릴 것이다.

9. 후회 그리고 불길한 예감

후회는 거의 쓸모가 없으며, 양심의 가책은 훨씬 더 쓸모없다.

후회는 평소처럼 괴롭힐 것이고,

양심의 가책은 새로운 고통을 만들어낼 것이다. _괴테

후회는 최선의 선택을 막는다

자신이 저지른 잘못을 회개하지 않는 사람이 사방으로 돌아다닌다. 유감스럽게도 도덕주의자인 우리들의 눈에는 그가 아주 마음 편히 살고 있는 것처럼 보인다. 비록 대단히 매력적인 사람일지라도 우리는 그를 용서해서는 안 된다. 하지만 비난해서도 안 된다. 그가 온갖 방법들 중에서도 가장 좋은 방법으로 뉘우치고 있는 중일 수도 있기 때문이다.

잘못을 뉘우치는 가장 좋은 방법은 많은 일들을 잊어버리고, 더 많은 것을 뒤에 남겨두고 자신만의 길을 찾아가는 것이다. 인생은 너무나도 멋진 것이어서 훼손해서는 안 된다. 과거를 뒤돌아보는 것보다 앞으로 나아가는 것이 모든 면에서 더 낫기 때문이다.

거의 언제나 벌에 대한 두려움 때문에 회개한다는 것은 사실이다. 과장 없이 말하자면, 그런 두려움은 나약한 것이다. 나는 결과에 대한 생각을 감당할 수 없어서 죄를 뉘우치는 사람들 중의 한 명이 되기보다 차라리 많은 결점에도 불구하고 사랑스러운 죄인이 될 것이다.

결과에 대한 인식과 두려움이 젊은이들로 하여금 이른바 무지의 죄를 저지르지 못하도록 막아주는 것은 분명하다. 하지만 결과에 대한 인식과 두려움은 자신들이 하고 싶은 일을 하지 못하도록 막기도 한다.

우리는 줄곧 인생의 존엄성과 아름다움을 올바르게 판단해야 한다. '우리를 악에서 구해줄' 마음의 안정과 품격을 찾으려 한다면, 이 세상과 세상의 이면에 있는 신의 영혼을 자각해야 한다.

신의 영혼을 인식하게 되고, 그것을 통해 숨을 쉬고 살아간다면, 잘못을 쉽게 저지르지는 못하게 될 것이다. 또한 사는 동안 실수를 저지르게 되겠지만, 잘못된 행동을

하게 되었을 때 후회나 결과에 대한 두려움 속에서 시간을 허비하지는 않게 될 것이다.

우리가 꿈꾸고 있는 신이 바다만큼 거대하고 나무만큼 아름답다면, 신을 두려워할 필요는 없다. 신은 상냥할 것이며 동시에 공정할 것이다. 신은 강하지만 그만큼 너그러울 것이다. 그렇다면 우리의 잘못은 신의 손에 맡겨두고 어쩌면 더 겸손하고 더 현명하게, 그러나 너무 지나친 후회 없이, 더 이상 두려워하지 않으면서 우리의 길을 가는 것이 최선의 선택이다.

의학 분야에 새로운 생각이 등장했다. 독일의 프로이트가 가르치고 주창했던 정신분석학이다. 이런 생각의 발달은 현 시대의 가장 놀랄만한 성취들 중의 한 가지일 것이다. 정신분석학은 최면상태에서 신경병 환자가 겪었던 과거의 정신적인 경험들을 모두 소환할 수 있도록 유도하여 잠재의식을 연구하는 것이다. 심지어 아주 어린 시절의 기억들도 소환하여 오랜 기간 영향을 끼쳐왔을 그릇된 생각과 불행한 감정들의 근원을 명확히 밝히려는 것이다. 이 새로운 시스템에서는 꿈들이 의식적인 생활에 끼치는 효과 그리고 심적 상태에 끼치는 영향을 분석하는 꿈의 해석

도 포함되어 있다.

이 연구방법을 통해 매우 놀라운 결과들이 보고되었다. 정신에 작용하면서 말썽을 일으키던 숨겨진 영향들이 낱낱이 밝혀지자 심하게 왜곡되고 얽혀 있던 많은 사람들의 삶이 올바르고 새롭게 정리되었다. 의식적이거나 잠재의식적인 느낌들은 분명 정신적인 삶 전체를 변화시킬 수 있다. 우리는 이런 작업을 실행하고 있는 사람들에게 최대한의 존경심을 보여야 한다. 정신분석을 마칠 때까지 거의 믿을 수 없을 정도의 인내와 시간이 필요하기 때문이다.

어린애 같은 어리석은 행동들에 대한 성숙한 판단은 분명 인생에 해로운 영향을 끼치는 것들을 직접적으로 해결해주는 방법이다. 그리고 많은 사람들의 삶을 어둡게 만드는 의식적이거나 무의식적인 후회를 없애줄 가장 확실한 방법이기도 하다. 어쩌면 불안하고 혼란스러운 정신은 이 방법만으로도 치유되는 경우도 많을 것이다.

하지만 나는 이 방법을 전적으로 지지하지는 않는다. 사람들을 현재의 상태 그대로 받아들여야 한다고 생각하기 때문이다. 인생의 발전을 위해 실제로는 잊지 못한다 해도 스스로 잊으려고 용감하게 노력해야 한다는 것을 강하게

•

믿고 있기 때문이다.

뛰어난 개성은 실수와 실패 위에 세워진다

인생은 너무나도 아름다워서 잘못된 행동과 실수들이 그 과정에서 소멸될 것이라는 이해가 없다면 이런 정신적인 발전은 이루어질 수 없다. 우리의 생각이 방향을 잃고 떠돌게 되는 지점들을 명확하게 밝히기 위해 우리의 삶을 예리하게 분석할 필요는 있다. 하지만 다행스럽게도 우리들 대부분은 자신이 저지른 잘못들을 비롯한 모든 일들을 스스로 감당해낼 수 있다.

정신적으로 발전하며 살아가려면 우리는 모두 잘못을 스스로 감당해내야 한다. 내게 편지를 써 보낸 소년의 경우처럼 때로는 우리가 알지 못하는 나쁜 행동들이 단순하기보다는 오히려 복잡한 결과로 나타난다. 소년은 과거에 자신이 저질렀던 나쁜 행동들을 알게 되었기 때문에 앞으로는 행복하게 살 수 없을 것 같다고 했다. 나는 소년과 함께 더 자세한 분석을 수행하는 대신 이렇게 납득시켰다.

'나쁜 행동들을 모두 확실하게 뉘우치는 것이 의무이기는 하지만, 나머지 삶을 이어가면서 잘 살아야 하는 것은

더욱 큰 의무이다.'

만약 그 소년이 이기적이지 않은 봉사의 가능성에 눈을 뜨게 된다면 그렇게 할 수 있을 것이다.

나는 자기분석과 거의 불가피하게 동반하는 후회와 절망에 맞서라고 설득하는 것을 더 선호한다.

사는 동안 이룬 것이 전혀 없어서 자신의 인생은 아무 의미가 없다고 결론을 내렸다는 환자가 있었다. 그녀에겐 사회적인 요구는 물론 심지어 가족에게 필요한 일상적인 요구들도 감당해낼 인내심이 부족했다. 그래서 아주 오랫동안 모든 것을 포기하고 있었던 것은 사실이었다. 하지만 그녀에겐 어린 시절부터 음악을 이해하는 재능이 있었으며, 공부도 무척 열심히 했다. 약간의 격려와 권유를 통해 그녀의 음악적 재능은 점점 더 향상되었고, 결국 자신에게 도움이 되었을 뿐만 아니라 그녀의 연주를 듣게 된 모든 사람들에게 아주 큰 기쁨을 안겨줄 수 있었다.

그처럼 희귀한 진짜 능력은 매우 큰 가치가 있는 것이었으며 그녀는 제때에 그 가치를 인식하게 되었던 것이다. 음악적으로 표현할 수 있는 재능은 매우 훌륭한 것이므로, 비록 제대로 해낼 수 있는 일이 거의 없었다 해도 그런 능력 안에서 행복해야 한다고 이해시킬 수 있었다.

그녀에겐 음악과 비교할 수 있는 것이 아무것도 없었으며, 음악이 없는 삶은 황량하게만 보였던 것이다.

무기력에 빠져 있는 사람에게 개성이 이 세상에서 가장 중요하다고 확신시키는 일이 처음에는 다소 냉정한 위로처럼 보이지만 그것이 최종적인 진실이다. 가장 제한되고 무기력한 삶은 개성을 발휘하면서 빛날 수 있으며, 상상 속에서나 그려볼 수 있는 것보다 더 귀중한 것일 수도 있다. 결코 후회하거나 절망할 필요가 없는 것이다.

분석은 적게 할수록 더 좋다. 개성에 관한 것이라면, 사는 동안 성장하면서 인생에 대한 더욱 더 깊은 이해에 도달해야 한다. 신에게 가까이 다가서는 인생을 이해해야 하며, 인생은 신을 외면할 때만 잘못을 저지를 수 있다는 것도 이해해야 한다.

그 어떤 실패를 겪거나 실수를 저질렀다 해도, 우리들 앞에는 무한한 가능성이 있다. 개성은 이 세상에서 가장 중요한 것이며, 뛰어난 개성은 대부분 실수와 실패 위에 세워졌다는 것을 잊지 않는 것이 현명하다.

나는 자유롭고 자기희생적인 삶을 산다면 용서로 보상
받지 못할 죄는 없다고 믿는다. 나는 용감한 정신적 발전
을 통해 극복할 수 없는 신체적인 질병이나 장애는 알지
못한다. 육신은 우리를 떠나겠지만 정신은 위대한 신의 세
계에 도달하고 들어설 것이다.

10. 미덕들

미덕은 하얀 불꽃 속에

꺼진 불을 숨긴다.

양심이 무의미해질 때까지

그리고 의무는 명목일 뿐.   _프레더릭 로렌스 놀스

평범한 미덕들의 실천

내가 읽었던 '신경과민'과 그 비슷한 주제를 다루는 대부분의 책들에서는 여러 가지 충고와 격려들은 제시하지만 정작 인내심을 갖기 위해 필요한 조언은 명확하게 제시하지 않는다.

인내는 다른 모든 미덕들을 대표하는 미덕이다.

많은 사람들이 한동안은 가장 그럴 듯한 조언들을 따르겠지만 점점 낙심하게 된다. 약속했던 결과들이 구체적으로 나타나지 않기 때문이다. 추천받은 식이요법을 여러 달 동안 꾸준히 해왔는데 여전히 소화불량을 겪고 있다면 분명 실망스러운 일이다. 또는 매우 엄격하고 열성적으로 도덕과 관련된 몇 가지 원칙들을 따랐지만 정신이 평온해지지 않는다면 실망스러운 일이다.

우리는 현실에서 결과를 확인하는데 익숙해져 있다. 그래서 자연스럽게 모든 일에서 그 결과들을 기대한다. 문제는 개선된 결과를 보았다 해도 우리가 언제나 알아차리지는 못한다는 것이다. 게다가 뻔히 예상하고 있던 변화들을 노력의 결과라고 주장하는 경우도 있다.

의사는 주어진 시간 내에 확실하고 구체적인 성과가 나타날 것이라고 성급하게 약속하는 경향이 있다. 만약 그런 약속을 한다면 의사는 실망과 불신을 자초하고 있는 셈이다. 누구나 자신들이 겪고 있는 증세로부터 빨리 벗어나고 싶어 하며, 정확한 판단보다 특별한 치료에 집착하는 경향이 지나치게 강하다. 그래서 어쩌면 즉시 적용할 수 있는 더 훌륭한 또 다른 치료의 가능성을 알아차리지 못하게 된다. 이런 특별한 치료에 빠져 길을 잃는 것이 때로는 무척이나 불행한 결과로 이어지고 만다.

나는 미친 듯이 여러 명의 의사들을 찾아다니는 어떤 사람을 알고 있었다. 특별한 고통이나 불편에서 벗어나려 애를 쓰고 있는 것이다. 만약 그가 첫 번째 의사의 조언을 받아들였다면 자연스럽게 사라졌을 병을 찾아내기 위해 충분히 기다리지 않았던 것이다. 조급하게 서두르지 않으면서 자신의 한계 내에서 살려고 하지 않았던 것이다.

인간의 신체는 대단히 복잡한 유기체이며 때로는 통증을 없애지 않는 것이 더 나은 경우도 있다. 통증이 우선적으로 해결해야 하는 더욱 심각한 불균형을 가리키는 것일 수도 있기 때문이다. 이것은 정신에도 적용된다. 자연스럽게 사라질 때까지 충분히 진행되도록 철저하게 준비하지 않는다면, 불행한 양심의 고통은 위로나 회피로 치유되지 않는 편이 더 낫다. 비록 우리 자신과 타인에 대해 당연히 인내해야 하지만, 때로는 인내를 강요해야만 하는 경우도 있다.

가장 성공적인 의사는 자신의 환자들에게 최대한의 인내심을 요구하고 따르도록 한다. 그 어떤 생명도 인내하지 않고는 성공적으로 유지될 수 없기 때문이다. 만약 확장된 사고방식의 자연스러운 결과로서 자발적으로 인내할 수 있게 된다면, 인내심은 지속적으로 매우 유용한 것이 된다. 엄청난 노력을 해야만 인내할 수 있다면, 일시적인 효과는 있겠지만 초라한 임시변통이 될 뿐이다.

나는 다른 사람들에게 관대하고 자비로우며 아량 있는 사람이 되어야 한다고 말할 때마다 사과하는 것 같은 기분이 된다. 또한 평범한 미덕들 중 어떤 것이든 실천해야 한다고 권유할 때도 그렇다.

건강한 삶은 인생의 즐거움 그 자체로부터 자연스럽게 이루어져야 한다. 정당화도 전혀 필요 없으며 강요도 필요 없어야 한다. 하지만 불행하게도, 현세계의 상태가 그렇듯이, 그것을 이해하지 못하는 사람들과 집단이 있다.

부유한 사람들 사이에 널리 퍼져 있는 이기주의와 근시안적인 태도와 가난한 사람들에게 무척이나 끈덕지게 지속되는 궁핍한 생활이 더 중요한 생각을 하지 못하도록 막고 있다.

실패가 언제나 가장 나쁜 일은 아니다

사회적으로 복지와 관련된 모든 문제들이 이기적이지 않게 다루어질 수 있다면, 우리는 인류를 괴롭히는 수많은 해악들에서 빨리 벗어날 수 있을 것이다. 나는 사람들의

•

미덕은 대부분 마치 태양에서 빛이 흘러나오듯이 무의식 중에 자연스럽게 나타나게 된다고 생각하고 있다.

하지만 우리들의 현재 질서 속에서 그리고 더 나은 시대가 올 때까지는 우리 자신과 타인들에게 선량하고 자비로워야 한다고 더욱 자주 요구해야만 한다. 단지 그것이 옳기 때문이며, 조금 서투르게 말하자면 훌륭한 방침이기 때문이라고 요구해야 한다.

그런 미덕들을 실천하면 더 훌륭하고, 더 인간적이며, 더 현명하게 성장한다. 당연히 세상은 더 안전해지며 더 좋아진다. 여러 가지 미덕들을 지속적으로 실천한다면 인간은 마침내 선함을 신봉하게 되며 완전히 선해지게 된다는 것은 엄연한 사실이다. 그것이 바로 희망적인 면이며 우리가 이런 미덕들의 일상적인 실천을 지속적으로 부탁하고 요구하는 이유인 것이다. 그러나 우리의 생활 속에서 또 다른 방향도 항상 추구해야 한다.

혼란스러운 이 세상에서 모든 미덕들을 포함한 인생의 지향점을 간명하게 해주는 영감의 발달이라는 방향을 추구해야 한다. 올바른 삶이라는 문제에서 인간은 늘 잘못된 방향으로 먼길을 돌아가고 있기 때문이다.

·

훌륭한 삶을 실천한다는 것은 그 세부적인 면에서 전혀 쉽지 않은 일이다. 하지만 영감에 대해 확신하게 된다면 최종적인 승리에 대한 의구심은 전혀 없을 것이다.

가끔은 맹목적으로 그리고 궁지에 빠진 동물들의 힘과 끈기로 싸워야만 한다. 게다가 가끔은 실패도 하겠지만, 그런 실패가 언제나 일어날 수 있는 가장 나쁜 일도 아닐 것이다. 우리 자신과 세상을 상대로 천천히 승리한다는 것은 인생의 커다란 기쁨이 된다.

쓰라린 정신적 고통에서 벗어나 자발적으로 차분하게, 자기희생의 정신으로, 억누를 수 없는 봉사의 정신으로, 사랑을 통해 신성한 공감을 표현한다는 것은 인생의 커다란 기쁨이다. 불가피하게 겪어야 하는 어둠과 의심의 시기를 거치면서 새로운 비전을 갖게 된다면 완전한 어둠이나 고통도 없을 것이며, 모든 것을 다 파괴해버리는 상실도 없을 것이다.

만약 이런 과정을 이해할 수 없다면, 예수의 삶을 머릿속에 그려보면 된다. 자비, 친절, 봉사, 인내... 그의 삶이 그랬듯이, 너무 힘들어 보였던 이런 미덕들이 모두 우리의 삶 속에서 표현될 것이다. 위대한 인간적인 미덕들은 쉽고 자연스러워질 것이며 우리는 더욱 평온한 정신을 갖게 될 것이다. 우리가 고통을 피했기 때문이 아니라 우리 스스로 고통을 제거했고 심지어 반갑게 맞이했기 때문이다.

11. 믿음에 의한 치유

인생의 압박감 속에서 그에게 다가간

우리는 다시 완전해진다 _휘티어

의학과 신앙치유 사이에는 논쟁이 필요없다

믿음이나 기도를 통한 치유에 대한 나의 생각을 이야기
하지 않고 이 글을 끝낼 수는 없다. 오해의 위험 때문에 나
는 주저하며 이 주제를 다룬다. 이보다 더 어려운 주제는
없으며 환자들을 이해하는데 이보다 더 중요한 주제도 없
다. 우리는 신앙요법이나 그와 유사한 행위를 통한 치유에
대한 이야기를 듣곤 한다. 그리고 그런 수단에 의해 훌륭
하게 회복되었다는 사람들도 알고 있다.

그리스도의 치유가 이 세상에서 다시 가능하게 되었다
는 것일까? 만약 실제로 가능하다면 의사들보다 더 적극

적으로 그것을 받아들이고 고마워할 사람들은 없을 것이다. 하지만 면밀하게 연구 조사를 해보면 언제나 그 놀라운 치유는 몸이 아닌 정신의 치유라는 사실을 알게 된다.

암이나 결핵이 신앙에 의해 치유되었다고 말하는 것은 쉽다. 많은 사람들이 그것을 믿는다는 것도 분명하다. 그러나 안타깝게도, 그 증거는 부족하다.

정직하고 진실하다 해도 신앙요법 치료사는 어떤 것이 진짜 질병이고 어떤 것이 아닌지를 말할 자격이 없다. 병들었던 세포조직이 회복된 것처럼 보인다 해도, 의사는 그 세포조직이 병들었던 것이 아닐 수 있으며, 회복을 위한 기도가 지극히 간접적인 방식을 제외하곤 치유와 아무런 관계가 없다는 것도 알 수 있다.

신념이나 종교를 위해 의학을 버리는 사람은 불필요한 고통을 자초하는 것이며, 심지어 죽음을 자초하고 있는 것이기도 하다. 이런 경우의 가장 나쁜 부분은 그가 누군가에게 자신과 비슷한 결과를 맞이하게 될 똑같은 실수를 저지르도록 권유하는 것이다. 이런 견해를 밝힌다 해서 내가 신앙의 중요성과 가치는 물론이고 기도하고 믿는 정신을 부정하는 것은 아니다.

실질적인 육체적 질병을 치유할 수는 없어도, 신앙이 환자의 정신 속에서 진정한 치유의 기적을 이루어낼 수는 있다. 사려 깊고 정직한 의사라면 아무도 그것을 부정하지는 않을 것이다. 게다가 대부분의 의사들이 거의 모든 육체적 질병의 진행이 신앙과 기도로 완화될 수 있다는 것을 부정하지는 않는다. 나는 그런 효능이 있다고 알려진 의학은 거의 없다고 말하고 있는 것이다. 모든 신체 기능은 기도를 통해 표현되는 극복하려는 정신에 힘입어 더 좋아진다.

실제로 의학과 신앙의 치유 사이에는 아무런 논쟁이나 불화가 필요 없다. 기껏해야 한 가지가 다른 것보다 좀 더 훌륭하다는 것일 뿐이며, 둘 다 똑같이 인간을 고통에서 구하겠다는 목적을 성취하려고 한다. 언젠가는 그렇게 되겠지만, 이 두 가지 분야가 결합된다면 우리는 그것들이 매우 비슷하다는 것을 발견하고 놀라게 될 것이다.

신앙요법이 의사들에게 비난받는 것은 당연하다. 비과학적이기 때문이며, 자신만의 고유한 분야가 아닌 곳에서 지킬 수 없는 터무니없는 주장들을 하기 때문이다. 또한 아직 그 분야가 과학정신 내에서 연구되지 않았기 때문이기도 하다. 적절한 연구와 조사가 이루어진다면, 신앙치유가 현재의 상태에 머물지 않고 미래의 언젠가는 유용한 분야가 될 정도로 발전할 수 있을 것이다. 의학의 영역에서 의학이 적절하게 존중받고 있는 것만큼이나 그들의 분야에서 충분히 존중받게 될 것이다.

사실 의학과 신앙치료 모두 매우 실제적인 의미에서는 기적적이다. 왜냐하면 둘 다 효율성을 위해, 그리고 항상 신성하다고 할 수 있는 동일한 위대한 법칙에 의존하기 때문이다.

말의 혈청이 일정한 조건 속에서 디프테리아를 치유한다는 것은 과연 어떤 의미일까? 인간의 이해를 훨씬 뛰어넘는 권능에 다가서고 있음을 의미하는 것은 아닐까? 인간이 그런 치유가 가능하도록 해주는 복잡한 동물의 성분을 만들어냈던 것일까? 인간이 과연 말을 만들거나 말의 생리학과 병리학을 통제하는 법칙을 만들어냈던 것일까?

바로 여기에 신앙치유의 가장 큰 의미가 있다. 생물학자는 그것을 기꺼이 받아들이려 하지는 않았지만 신의 위대한 법칙에 대한 그의 믿음이 무서운 질병의 치유를 가능하게 만들었던 것이다.

　순수한 종교의 모든 문제들이 그렇듯이, 여기에서 오해를 만들어내는 것은 모두 사실 자체가 아니라 인간이 말하고 글로 남기는 것들이다. 우리는 피상적인 단순한 생각에 근거해 판단을 내리고 편견을 품게 된다. 진정한 과학정신은 창조의 이면에 있는 권능을 존중하고 따르는 것이다.

　세균학자가 신을 믿지 않게 되는 것은 신앙치료사가 세균학의 가치를 부정하는 것과 마찬가지로 모순이다. 의학은 신앙치료보다 훨씬 더 발달해 있지만, 신앙치료는 자연과학자들이 멍청하게 놓쳐버린 약간의 진실을 이해하고 있다.

　집착을 벗어던지고 두려움을 용기로 대체하게 될 때, 우리는 외과수술이 보여줄 수 있는 것만큼이나 '신앙치유'가 중요하다는 것을 목격하게 될 것이다. 신앙으로 치유하려는 사람들이 사실에 대한 그들의 설명을 조금 덜 피상적이고 덜 편협하게 한다면, 만약 그들이 다루는 질병들을 연구하는데 동의한다면, 그들은 보다 더 존중받는 권리를 얻게 될 것이다.

·

　인간의 손을 거친 치유와 질병의 예방이 신성한 계획의 일부인 것은 분명하다. 인간이 연구와 실천을 통해 열정적으로 발달시키려는 것은 단지 그 신성한 계획을 실천하는 것일 뿐이다. 진정한 과학정신은 치료하는 능력을 가질 수 있는 그 어떤 대행자도 무시하지 않는 것이다. 과학자가 기도하는 사람을 조롱할 때, 현실적인 일을 생각하고 있는 것이 아니라 나약하고 애처로운 모색을 하고 있는 것이다.

　사실 우리는 기도를 통해 신의 법칙에 역행하는 불가능한 축복과 자연의 겉모습을 바꾸어달라고 요청하는 것이다. 그렇다면 당연하게도 우리는 실망에 대비해야 한다. 기도하는 사람은 사실상 우리의 삶을 변형시키고, 불가능했던 것을 경험할 수 있게 해달라고 요청하는 것이다. 하지만 우리의 애처로운 요구들이 얼마나 절망적이며 무력한 것인지는 전혀 모르고 있다.

　기도는 우리가 신이라 부르는 존재에게 가슴을 여는 것이며, 대단히 자연스럽고 타당한 일이다. 약하고 무지한 우리가 갖추고 있지 못한 것을 위해 기도하는 것이지만,

그럼에도 우리들의 내면에서 힘이 솟아나도록 하는 놀라운 효과가 있다.

그런 영적인 교섭이 가져오는 위안과 평화는 불안하고 걱정이 많은 인간의 정신에 다른 어떤 것보다 더 뛰어난 치유와 회복의 효과를 불러일으킨다. 자연에서 드러나는 신의 영광을 예찬하는 시인이나 과학자는 사실상 자신의 영혼이 맑아지고 새로워지기를 기도하는 것이다.

눈가리개를 한 채 사형을 집행하는 병사들 앞에 서 있는 가련하고 비참한 사람은 죽음을 기다리면서 신에게 가까이 다가서고 있는 것이다. 그리고 낮은 목소리로 속삭이는 그의 기도는 자신의 생명을 빼앗아가는 고통을 치유하는 것이다.

가장 좋은 기도는 육체적인 구원이나 은혜를 요청하는 것이 아니라 창조자에게 가슴을 활짝 열고 마음의 평화라는 궁극적인 치유를 얻는 것이다. 그것은 인간이 만들어낸 그 무엇보다 더 위대한 기적이다. 그런 치유의 영향 아래 환자는 다시 건강해질 수 있는 것이다.

그런 치유의 정신으로 우리는 이 세상의 육체적인 고통

을 줄이려고 최대한의 노력을 하는 것이다. 우리는 자연의 법칙들을 따라야 하며, 최대한의 주의를 기울여 연구해야 한다. 주의를 적게 기울인다면 우리는 신성한 법칙을 놓치게 될 것이며 길을 잃게 될 것이므로 당연히 얻을 수 있는 것도 없다. 치유의 과학은 점점 기회를 잃게 될 것이며 불합리한 것이 되고 말 것이다.

우리는 고통을 없애고 차단하기 위해 자연이 제공하는 수단들을 모두 활용해야 한다. 그러므로 어느 한 집단의 의사들이 다른 집단에게 선을 긋는 일은 없어야 한다. 모두가 하나의 목표를 갖고 있기 때문이다. 하지만 무엇보다 더 중요한 것은 건강이 기도하는 경건한 삶으로 이루어져 있음을 깨달아야 한다는 것이다.

경건한 삶 속에서는 우리의 유한한 정신이 활용할 수 있는 모든 것이 제때 드러나게 될 것이므로 낡고 보잘것없는 의미의 육체적 고통은 없을 것이다. 너무나도 충만한 삶을 살고 있기 때문에 질병과 죽음은 더 이상 우리를 괴롭히지 못하게 되는 것이다.